小池百合子 実力の秘密

大川隆法
Ryuho Okawa

本霊言は、2016年8月12日、幸福の科学「奥の院精舎」にて、
公開収録された（写真上・下）。

まえがき

新・東京都知事になられた小池百合子《こいけゆりこ》さんの、当選十二日後の守護霊インタビューである。マスコミの表面的な報道だけでは、わかりえない、心の内を明かしていただけたと思っている。

このまえがきを書いている前日には、首都東京は十一年ぶりに大型台風の直撃、上陸を許した。八月の台風としては三連発目である。その頃、小池新都知事は、リオデジャネイロのオリンピックで和服を着て旗《はた》を振っておられた。

なぜか安倍首相も閉会式には、パフォーマンス的に参加しており、天皇御一家は軽井沢御静養《ごせいよう》だった。

首都東京の都民には、都知事も、首相も、天皇もいなくても回っていく、この国の不思議さ、不気味《ぶきみ》さが印象づけられた。警察官や、消防署員は、夏休み返上でビショぬれであったことだろう。能力は余りても、厳しい船出《ふなで》だと思う。本書が何らかのお役に立てば幸いである。

二〇一六年　八月二十三日

幸福《こうふく》の科学《かがく》グループ創始者兼総裁《そうししゃけんそうさい》　大川隆法《おおかわりゅうほう》

小池百合子　実力の秘密　目次

小池百合子《こいけゆりこ》　実力の秘密

二〇一六年八月十二日　収録
幸福の科学「奥《おく》の院精舎《いんしょうじゃ》」にて

「霊言現象《れいげんげんしょう》」とは、あの世の霊存在の言葉を語り下ろす現象のことをいう。これは高度な悟《さと》りを開いた者に特有のものであり、「霊媒現象《れいばいげんしょう》」(トランス状態になって意識を失い、霊が一方的にしゃべる現象)とは異なる。外国人霊の霊言の場合には、霊言現象を行う者の言語中枢《ちゅうすう》から、必要な言葉を選び出し、日本語で語ることも可能である。

また、人間の魂《たましい》は原則として六人のグループからなり、あの世に残っている「魂のきょうだい」の一人が守護霊《しゅごれい》を務めている。つまり、守護霊は、実は自分自身の魂の一部である。したがって、「守護霊の霊言」とは、いわば本人の潜在《せんざい》意識にアクセスしたものであり、その内容は、その人が潜在意識で考えていること(本心)と考えてよい。

なお、「霊言」は、あくまでも霊人《れいじん》の意見であり、幸福の科学グループとしての見解と矛盾《むじゅん》する内容を含《ふく》む場合がある点、付記しておきたい。

小池百合子《こいけゆりこ》 実力の秘密

二〇一六年八月十二日　収録

幸福の科学「奥《おく》の院精舎《いんしょうじゃ》」にて

小池百合子《こいけゆりこ》（一九五二〜）

政治家。兵庫《ひょうご》県生まれ。カイロ大学を卒業後、アラビア語通訳や「ワールドビジネスサテライト」のメインキャスター等を務める。一九九二年、日本新党から参院選に出馬し初当選。二〇〇二年に自民党に入党した後《のち》は、環境《かんきょう》大臣、内閣府特命担当大臣（沖縄及《おきなわおよ》び北方対策）等を歴任し、二〇〇七年には女性初の防衛大臣に就任。二〇一六年七月、東京都知事選挙に出馬し当選を果たす。

質問者

武田亮《たけだりょう》（幸福の科学副理事長 兼《けん》 宗務《しゅうむ》本部長）

大川真輝《おおかわまさき》（幸福の科学専務理事 兼 事務局長）

大川裕太《おおかわゆうた》（幸福の科学常務理事 兼 宗務本部総裁室長代理 兼 総合本部アドバイザー 兼 政務本部活動推進参謀《さんぼう》 兼 国際本部活動推進参謀）

［質問順。役職は収録時点のもの］

1　小池百合子《こいけゆりこ》・新東京都知事の守護霊《しゅごれい》を招霊《しょうれい》する

小池百合子氏は女性政治家のモデルケース

大川隆法　今日は二〇一六年八月十二日であり、東京都知事選が終わって十二日がたちました。選挙の結果、小池百合子《こいけゆりこ》さんが新都知事になられましたが、この方も、リーディング対象として考えていた方ではあったのです。しかし、今回の都知事選においては、幸福実現党のほうから七海《ななみ》ひろこさんを立てたので、いちおう控《ひか》えてはいました。

ただ、「実力から見て、（小池百合子氏が）当選するだろう」とは予想していたのです。現に、戦いは終わり、彼女が新都知事として船出《ふなで》されていますが、議会対策や、オリンピック対策その他、いろいろ難題を抱《かか》えているでしょうし、自民党、公明党等の対策もあろうかと思います。

いずれにしても、この方は、今、女性の政治家、およびそれを目指す方々にとって、一つのモデルケースなのではないでしょうか。

そこで、「小池百合子さんの実力はどこから来ているのか」、「考え方」、「心掛《こころが》けておられること」など、いろいろなものがあろうかと思いますが、一度、謙虚《けんきょ》に学んでみる必要はあるのではないかと考えているわけです。

また、東京都知事選における得票についても、二百九十一万票というかなり大量の票を得ており、自民・公明の組織票も百万票以上差をつけられて「及《およ》ばず」とのことでしたので、桁違《けたちが》いに人気があったということでしょう。「このあたりについても、ご本人の考えを聞いてみたい」という気もします。

さらに、〝蟷螂《とうろう》の斧《おの》〟型であったかとは思いますが、幸福実現党のほうも、遅《おく》ればせながら候補者を立ててみました。それについては、感想を言われないかもしれませんし、サラッとしか触《ふ》れられないかもしれませんが、三十年以上後進の者に対しての意見などが何かあれば聞いてみたいと思っています。

「思想的にかなり近いのではないか」という印象を持っていた

大川隆法　小池百合子さんは、現在六十四歳《さい》で、兵庫《ひょうご》県の芦屋《あしや》市生まれです。高校卒業後に関西学院大学に入られたのですが、一年ぐらいで中退し、カイロ大学に行って卒業されています。アラビア語の通訳もしておられたと思いますが、少し毛色の変わった方であり、このあたりに、この人の人生を象徴《しょうちょう》しているようなところがあると思うのです。要するに、「既成《きせい》のルートではないところから上がっていこうとする」という感じです。

また、一九七七年には、まだ若いにもかかわらず、日本アラブ協会事務局長をされ、一九七八年には、日本テレビの特別番組「カダフィ書記長、アラファトPLO議長会見」のコーディネーター・インタビュアーもされています。

ちなみに、このころ、私は大学生だったのですが、後《のち》に副総理になる後藤田正晴《ごとうだまさはる》代議士とお話をする機会がありました。

その際、「印象に残った政治家は誰《だれ》ですか」と訊《き》いたところ、「PLOの議長をやったアラファトが、いちばん印象に残っている」というようなことを言っておられ、アラファトの話を一回していただいたのです。そのため、「実力のある人なのかなあ」と思いつつ、「天の啓示《けいじ》でも降りてきたら、モーセにでもなるような人なのかな」という印象を持ったのを覚えています。

このあたりが印象的でした。

ヤーセル・アラファト（1929～2004）
パレスチナの軍人、政治家。1969年にパレスチナ解放機構（PLO）の議長に就任する。1993年には、イスラエルとの間で歴史的な和平協定を成立させ、パレスチナ自治政府を建設。1996年には初代大統領に選出された。1994年にノーベル平和賞を受賞。（1989年10月4日撮影、東京・内幸町の日本記者クラブ）

さらに小池さんは、一九七九年から、日本テレビの「竹村健一《たけむらけんいち》の世相講談」に出ています。これは、かなり長く続いたテレビ番組なのですが、そのアシスタントキャスターを六年ぐらいされていました。

竹村健一先生は評論家であり、テレビ、ラジオ、その他、メディアで非常に活躍《かつやく》され、「電波怪獣《かいじゅう》」ともいわれた方です。テレビ時代が始まるころからの草分けとして活躍された方で、私も若いころは、手本の一人というか、目標の一人としていた方ではあります。

また、当会にも親近感を持ってくださっていて、私の父である善川三朗《よしかわさぶろう》名誉《めいよ》顧《こ》問《もん》も、生前、徳島《とくしま》で竹村先生と会っているのです。竹村先生が、徳島で講演会をなされるときに、父はゲストとして呼ばれて横に座《すわ》り、終わったあと、二次会に連れていってもらったりしたようです。私に会いたいという話もあったのですが、

テレビ全盛時代を駆け抜けた人気評論家の守護霊に成功の秘訣を訊く。
『竹村健一・逆転の成功術』
（幸福の科学出版刊）

「事情があって、今、姿を隠《かく》しているので出られない」というようなことだったと思います。

そのあと、教団を立ち上げて宗教法人になったころには、竹村さんから、「箱根《はこね》の仙石原《せんごくはら》の別荘《べっそう》に一週間ぐらい来て、ゆっくりと話ができないか」というようなお誘《さそ》いもあったのです。おそらく、パトロンのようなかたちで、「ちょっと応援《おうえん》してやろうか」ということだったとは思うのですが、そのころはちょうど、当会が急速に有名になってきつつあったときであり、ある程度、自力で売り出せるだろうと思ったので、それについては丁寧《ていねい》に辞退させていただきました。

なお、『黄金の法』（幸福の科学出版刊）に、竹村健一先生の過去世《かこぜ》について、竹林《ちくりん》の七賢《しちけん》の一人（●阮籍《げんせき》）

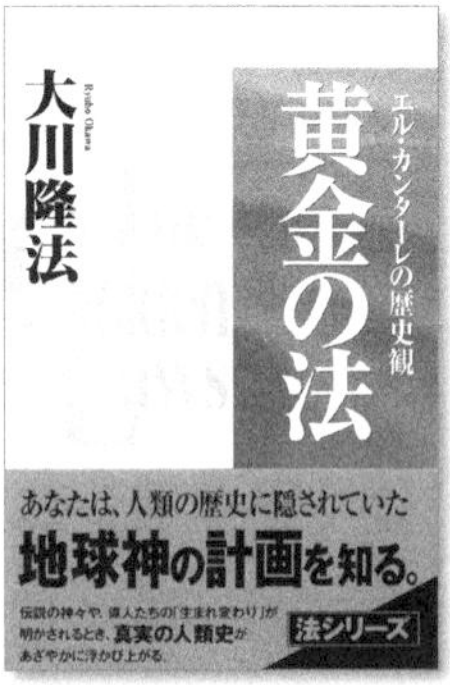

さまざまな偉人や神々の「生まれ変わり」から見る真実の人類史。
『黄金の法』
（幸福の科学出版刊）

●阮籍（210～263）　中国、三国時代の魏《ぎ》の思想家。老荘《ろうそう》哲学者で、竹林の七賢の1人。酒を好み、形式的礼法を無視した。また、好ましくない客には白眼《はくがん》（冷淡な目つき）で接し、好ましい客には青眼《せいがん》（歓迎を表す目つき）で接したという。

とあるため、『黄金の法』の献本《けんぽん》があまりに多く、会う人会う人、『黄金の法』を持ってきて、少し参っておられたようではあります。ただ、竹村先生はああいう方なので、そんなに嫌《いや》がられなかったのではないでしょうか。家には、『黄金の法』のうず高い山ができていたのではないかと思われます。

そのように、竹村健一さんのグループ、つまり、渡部昇一《わたなべしょういち》さんや日下公人《くさかきみんど》さんなど、あのあたりの保守系言論人のグループと、当会、あるいは私との関係は、最初から比較《ひかく》的良好な感じではありました。その理由としては、思想的に近かったこともあるとは思います。

小池さんは、竹村先生とテレビで一緒《いっしょ》にやってお

保守系言論人の守護霊が語る「知的生活」のヒント。
『渡部昇一流・潜在意識成功法』『日下公人のスピリチュアル・メッセージ』（共に幸福の科学出版刊）

られたので、私のほうとしては、「思想的にはかなり近いのではないか」という印象を持っていたわけです。

さらに、一九八八年からはテレビ東京の「ワールドビジネスサテライト」のメインキャスターをされています。

自民党三役人事を動かした私の一言《ひとこと》

大川隆法　小池さんは、日本新党で参議院議員、衆議院議員になられました。その後、新進党、保守党を経《へ》て自民党に入られ、環境《かんきょう》大臣や内閣府特命担当大臣（沖縄《おきなわ》及び北方対策）、女性初の防衛大臣、（自民党）総務会長にもなられています。
今回の東京都知事選では、東京都連の会長が石原伸晃《いしはらのぶてる》さんであり、増田《ますだ》（寛《ひろ》也《や》）さんを担《かつ》いでおられたため、選挙のときには、小池さんと対立関係になってしまいましたが、裏を明かせば、過去、幸福の科学は、石原伸晃さんも小池百合子さんも応援したことがあるのです。両者を応援した経緯《けいい》があったのですが、今回、両者が対立関係にあったので、どうも具合が悪いという感じはありました。

　いつだったかは、はっきりと覚えていませんが、私のほうから自民党のほうに、「石原伸晃さんか、小池百合子さんか、どちらかを幹事長にどうだ」というようなことを申し上げたことがあり、そのあと、石原伸晃さんが一回、幹事長をされています。小池さんも、それと同時に総務会長をされたので、私の一言《ひとこと》もまったく聞かないわけではなく、意見を申し上げると、いちおう自民党の三役人事

2010年９月９日に発足した当時の自民党執行部。左から石原伸晃幹事長、大島理森《おおしまただもり》副総裁、谷垣禎一《たにがきさだかず》総裁、小池百合子総務会長、石破茂《いしばしげる》政務調査会長。（東京・永田町の同党本部）

が動くようなこともあったわけです。

ただ、今は、政党（幸福実現党）を立ち上げており、若干《じゃっかん》、微妙《びみょう》な立ち位置にはなっているかと思います。

おそらく、今回の選挙も、幸福実現党に登録しておられる方は、七海さんに入れた方が多いと思いますが、幸福の科学票のなかには、やはり、小池さんのほうを長く支持されていた方もおられたのではないかと思うのです。

当会では、そういう締《し》めつけをしないし、あとで追跡《ついせき》することはあまりないので、都知事になられるほどの方ならば、一部、応援者が出たとしてもしかたがないとは思ってはいます。

小池百合子氏守護霊から女性政治家の導きを得たい

大川隆法　彼女が今、どのようなお考えをお持ちかは分かりませんが、「女性の政治家として持つべき政治哲学《てつがく》」について、私たちが参考になるものを何らか頂き、政治学のテキストの一部として、女性の政治家の導きになるようなものをつくらせていただければ幸いであると考えています。

また、「距離感《きょり》」や「考え方の相違《そうい》」、あるいは、「同じところ」等も、一度、チェックしてみたいという気はしています。

幸福の科学というのは、そういうところであり、対立関係になることがあっても根深く考えるところではありません。いろいろな物事に対して柔軟《じゅうなん》に考えていきたいと思っていますので、小池都政に対しても、ジャスティス（正義）の立場から、「応援すべきは応援し、意見を言うべきところについては意見を言う」というような感じで対していきたいと考えています。

（質問者に）では、お呼びしますので、いろいろな角度から訊いてくだされば幸いです。

武田　お願いします。

大川隆法　（合掌《がっしょう》し）では、小池百合子・新東京都知事の守護霊をお呼びいたしまして、そのご本心、その実力の来たる所以《ゆえん》をお訊き申し上げたいと思います。

小池百合子・新東京都知事の守護霊よ。

どうぞ、幸福の科学にお出《い》でくださり、その心の内を明かしたまえ。

（約十秒間の沈黙《ちんもく》）

小池百合子（1952 ～）
「大義」と「共感」を政治信条に掲げる小池氏は、環境大臣時代には「クールビズ」の旗振り役となり、女性初の防衛大臣としては米軍再編や情報保全体制強化に努めた。2016 年の東京都知事選では、2 位に 100 万票以上の大差をつけて大勝し、女性初の東京都知事となる。日本新党や保守党、自民党など 5 つの政党に所属したが、小池氏自身は、「それは政党の離合集散の結果であって、私の主張、思想、信念は一度も変えたことがない」と述べている。

2 国政の場から都知事を目指した舞台裏《ぶたいうら》について訊《き》く

「都知事選では、女の意地を通した」

武田　こんにちは。

小池百合子守護霊　はい、こんにちは。

武田　小池百合子さんの守護霊様でいらっしゃいますか。

小池百合子守護霊　いつもお世話になっております。

武田　本日は、幸福の科学にお越《こ》しくださり、ありがとうございます。

小池百合子守護霊　ああ……。

武田　先般《せんぱん》の東京都知事選では、二百九十一万票という票を獲得《かくとく》されて、圧勝されました。おめでとうございます。

小池百合子守護霊　ありがとうございます。

武田　今、都知事になられて十日余りかと思いま

初登庁し、花束を受け取る小池百合子都知事（2016年8月2日撮影）。

す。さまざまなところで挨拶《あいさつ》回りをされるシーンなどが、ニュースで放映されている状況《じょうきょう》ですが、まず、都知事選を経《へ》て都知事になられた今のお気持ちを教えていただけますでしょうか。

小池百合子守護霊　うーん、まあ、勝負は勝負でしたのでね。衆議院議員を辞《や》めてまでの立候補でしたので、「この勝負に敗れたら、私の政治生命としては、だいたい終わりかな」というふうには思っておりましたので、「女の意地を通した」ということかと思います。勝ててホッとはしておりますし、多くの都民の方々にご支持を頂いたことを、とてもうれしく思っております。

まあ、思想的には、東京都だけではなく、本当は全国で、例えば、環境《かんきょう》問題から始まって、国防の問題とか、その他、やりたいものはたくさんあったのでございますけれども、〝ガラスの天井《てんじょう》〟がやはりありまして。

まあ、日本でもヒラリー・クリントンと同じ問題はございます（苦笑）。「現内閣下では、ちょっと先が望めそうにない」ということもあって、トップを経験してみたい気持ちもありましたので、都知事ということで。

まあ、大臣をやっていても、なかなか都知事にはなれないところでございますし、日本の中枢《ちゅうすう》でもありますのでね。「都知事としての力量をどの程度お見せできるか、自分を試《ため》してみたい」というふうに考えています。

自民党議員から都知事を目指した理由

武田　本日は、都知事になられた小池百合子さんのお考えを深く伺《うかが》えればありがたいと思っています。

ただ、その話に入る前に、今回の都知事選に向けては、今のお話にあったように、東京都のみならず、全国的な話題づくりに成功されたのではないかという感想を持っています。

参院選が都知事選の前にありましたが、その前には舛添要一《ますぞえよういち》前都知事の「政治とカネ」の問題がありました。そのあたりから、小池さんがかなり出てこられて、「政治とカネ」の問題や、自民党との確執《かくしつ》についての話題をつくられたと思うのです。それが、都知事選の投票結果にもつながっていると思うのですが、いったい何があったのか、率直《そっちょく》な疑問はあります。

要するに、もともと「自民党の幹部」をされていたところから、「自民党と対決」という構図にまでなり、いろいろなことを打ち出しながら、圧勝という結果に至ったわけです。

これは、いったい何が起こっていたのでしょうか。あるいは、狙《ねら》いといいますか、小池さんのご本心をお伺いできればと思います。

小池百合子守護霊　まあ、間接民主制で、国会議員のなかでいろいろ力関係があって、数合わせがございますのでね。そのときに応援《おうえん》したグループというか、そういうものが主導権を取れなかったら、いちおう「干《ほ》される」ということはある世界ではありますのでね。

派閥《はばつ》解消を長年やってきたとはいえ、やっぱり、どうしてもリーダーは出てきますので、次のリーダーを目指して競争するのは当然であります。そういうところはあったかなあとは思います。

また、安倍《あべ》さんが長期政権を、今、目指していらっしゃるのでね。そういう意味で、前回は石破《いしば》（茂《しげる》）さんのほうについたのもあって、「私の登用は先行きなさそうだなあ」ということで。

まあ、平《ひら》議員というのも、やや退屈《たいくつ》なところがございますので、少し、「実際に自分で腕《うで》を振《ふ》るってみたいなあという気持ちがあった」ということですねえ。

●前回は石破（茂）さんのほうについたのもあって……　2012年9月に行われた自民党総裁選において、小池百合子氏は石破茂氏を支持。しかし、石破氏は第1回投票で勝利したものの、決戦投票で敗れ、安倍晋三氏が総裁となった。

だから、舛添さんも、「総理大臣にしてみたい人」でナンバーワンになっておられましたしねえ。私も内心、「女性初の総理大臣になってみたい」っていう気持ちは持ってはおりましたので。

まあ、そういう方が、「派閥力学」っていいますか、自民党の内部で力学的に、なれない場合に、都知事とか、こういうところに出てくることが多いのかなあと思いますがね。

国会のなかで主導権を持つことの難しさ

武田　ちょうど舛添さんの問題が出た直後に、ある民放が、小池さんの議員会館の事務所かどこかにインタビューに入って、「実際に政治資金はどう管理しているのか」ということを取材していたと思います。そのときに、小池さんは、「どうぞ見てください」ということで、「いかに私はクリーンか」ということを、帳《ちょう》簿《ぼ》などを見せながら、一個一個説明していました。

そういう場面を観《み》た記憶《きおく》があるのですが、私の感覚としては、「動きがかなり早い」と感じたのです。舛添さんの事件に対して、ある意味、対抗《たいこう》する政治家として出てきた印象を受けました。

舛添さんの問題は、誰《だれ》かのリークから始まったと思いますので、憶測としては、自民党のなかで、何らかのシナリオがあって動いたのではないかと考えることもできると思うのです。そのあたりはいかがでしょうか。

小池百合子守護霊　うーん、まあ、いろいろなことがあるので。おたく様の言うとおり、人の心は自由にはなりませんので（笑）、そんなに、みんなが思うようには動いてはくださいません。いろいろな方の考えがあって、集合的に動いていき始めるので。

そのなかで、デザインっていうかねえ、「自分の人生行路《こうろ》のデザインができて、それを人に提示することができて、それに賛同された方が道を開いていく」っていうかたちになるのかなと思いましたねえ。

まあ、今回は、私もちょうど手持ち無沙汰《ぶさた》なところもあったんで（笑）。舛添さんの事件が起きたときに、かなり集中砲火《ほうか》を浴びて、一カ月ぐらい頑張《がんば》られたんじゃないかと思いますけども、それが始まったあたりに、心の準備としてはもう始めてはおりました。

まあ、私が唐突《とうとつ》に言い出したような言い方もされてはいますけども、そういうわけでは必ずしもなくて、非公式にはいろいろなところに打診《だしん》していないわけではないんだけども。

武田　はい。

小池百合子守護霊　うーん……。まあ、舛添さんのほうも、自民党に弓を引いた方ではありましたしね。

だから、私のほうも、「生粋《きっすい》の自民党」というよりは、「政界渡《わた》り鳥」といわれて、「コロコロ変わる」と見られていたところがあるので、「忠誠心のところが少し疑わしい」っていう方もいらしたのかなあとは思いますしね。

その意味で、そんなにいい感じではないけど、いざというときになったら、応援してくださるかどうかというね？　まあ、「告示日が来て、適当な候補がいなかったら、自民党員ではありますので、応援くださるかなあ」と思ったところもあるんですけど、ああいうかたちになって、ちょっとゴタゴタになりまして。

まあ、意図して争いを起こしたり、対立を起こそうと思ってたわけではなくて、別に「自民・公明で推《お》してくだされば、たぶん結果は同じようになったんではないかな」と思ってはおりますけどもね。

ただ、あなたがたもこれから経験すると思うんです。まだ政治等で当選のほうを目指しておられるところでしょうけど、国会のなかで何百人と人がいますのでね。そのなかで主導権を持つのは、そう簡単なことではありません。いろいろな要素がございますのでね。

まあ、「新奇性」だけで主流をつくるのは、そんな簡単なことではないです。だから、石原慎太郎《いしはらしんたろう》さんも一緒《いっしょ》でしたよね。目立った存在ではあったけど、やっぱり、「自民党みたいなところで主流派を形成するのは、そう簡単ではなかった」っていうことですね。

日本的リーダーとしてのあり方ですかね。だから、どっちかといえば、都知事のほうが、すごくキャラが際立《きわだ》った方がなりやすいところではありましょうね。

3　都知事選を制した「メディアを巻き込《こ》む選挙戦略」

都知事選で強みになった「マスコミ界での経験」

大川真輝　こんにちは。私は今回の都知事選を見て、小池候補は非常に〝戦上《いくさ》手〟な方だと感じさせていただきました。

小池百合子守護霊　いえ、いえ。

大川真輝　今、（大川隆法総裁が）お召《め》しになっているネクタイと同じ色の「グリーン」をテーマにして、街宣《がいせん》に集まってくる方々へ、緑のものを持ち寄るようお願いされ、「参加型民主主義」というかたちで、投票行動へ取り込《こ》んでいかれるような姿は、選挙の〝戦い方〟として非常に勉強になりました。

また、「敵を明確にする」というやり方をはっきりと使われていて、三つ挙げられていた公約の第一に、当選後の「都議会の冒頭《ぼうとう》解散」があったと思います。そのあたりの「抵抗《ていこう》勢力としての都議会」をPRする戦略などは、小泉純一郎《こいずみじゅんいちろう》さんが選挙のときに使われた〝敵を明確にする〟手法と同じようなものを、どことなく感じました。

小池百合子守護霊　うん。

緑のジャケットと鉢巻きを身につけ、ＪＲ中野駅前で有権者と握手をする小池百合子候補（2016年7月19日撮影）。

大川真輝　さらに、「政治家だな」と思ったのは、選挙中、あれだけ「都議会の冒頭解散」と言われていたのに、昨日《きのう》の新聞のインタビューを見ると、「不信任案が出されたらそれは考えるけれども、現状では解散を考えていない」というようなことをおっしゃっていました。「やはりこれは、選挙における戦略・戦術として言われていたのだろうか」と思ったのですが、そのあたりの「戦のやり方」という意味では、今回の選挙はいかがだったでしょうか。

小池百合子守護霊　うーん、決して、「戦略・戦術」だけでやってるわけではないんですけど。

まあ、マスコミ界に長く身を置いておりましたのでね。「マスコミが報道しやすいネタ」っていうのは、経験が長いと分かってくるので。

例えば、「こういうふうな対立軸《じく》を出す」とか、「こういうふうなやり方をすると報道しやすい」とか、そういうのは感覚が分かりやすいので。

まあ、そういうところは大きかったかなあと思いますね。

やっぱり、増田《ますだ》（寛也《ひろや》）候補とかは地味でしたからね。そういうところは、対立色を出すのが非常に下手《へた》で、自民・公明等が徒党を組んで応援《おうえん》しているように見える「組織選挙」が露骨《ろこつ》に出ていましたんでねえ。

それで、こちらは、「マスコミ受けするような動き方をする」ということをやったのは事実だし、実際上、バックボーンとして強い支持層がいたわけではないのでね。だから、無党派層を取り込ま

ＪＲ中野駅前で小池百合子候補の街頭演説を聴く有権者（2016 年 7 月 19 日撮影、東京都中野区）。

なきゃいけないし、その意味では、〝マスコミ人〟同士として鳥越《とりごえ》（俊太郎《しゅんたろう》）さんとの戦いもあったとは思います。鳥越陣営《じんえい》に行く票の取り込みもあったと思うんですね。

だから、増田さんのほうは、組織票で一生懸命《いっしょうけんめい》固めようとしてたけど、正直な方だから、それをストレートに出しすぎるので。むしろ、孤立《こりつ》無援の雰囲気《ふんいき》を出したほうが、応援したい気持ちの人が出てくるし。

それと、都市部は、やっぱり反骨《はんこつ》の人がわりに多いので、「自民・公明が、自分たちの数の力で〝密室〟で決めて、都知事まで任命するのか」「都知事を決めるのは、都民の一票一票なんだ」というふうな気持ちのほうに火を点《つ》けていけば有利になるっていうのが、だいたい読めますのでね。まあ、そういうところはあったのかなあというふうに思います。

だから、「戦略・戦術」というよりは、「メディアの使い方というか、本性《ほんしょう》、性質っていうものを経験的に十分知っていた」っていうところが私の強みですね。

鳥越さんとの違《ちが》いは、やっぱり「年齢《ねんれい》」。年齢がだいぶ行っておられたし、病気をされていたし。

それから、「女性」というところで、アメリカのヒラリーさんがやってるところと二重写しにするような感じも、ちょっと考えた部分はありますね。

女性初のアメリカ大統領を目指している、ヒラリー・クリントン民主党候補（アメリカ・フロリダ州の選挙集会、2016年8月8日撮影）。

「主要三候補」ばかりを報道したメディアの事情

大川真輝　今、「メディア戦」に関する話を伺《うかが》いましたが、今回の都知事選におきましては、誰《だれ》が決めたのか分からないのですけれども、報道が始まった当初の段階から、大手メディアでは「主要三候補」というものが決められていて、その三人へほぼすべての報道が集中するような不公平なかたちになっていたと思います。

小池百合子守護霊　うーん、うん。

大川真輝　なお、私たち幸福実現党からは、七《なな》海《み》ひろこ候補が出馬をしていたのですが、「主要三候補ではない」ということで、前半戦ではなかなか報道をしていただけませんでした。そこで、主要メディアへ「公平性に欠けるのでは

告示日直後に都知事選立候補者を報じる各全国紙。いずれも「主要３候補」に焦点を絞った報道がなされていた。（7月14日付「朝日新聞」「毎日新聞」夕刊、同月15日付「読売新聞」「日本経済新聞」）

ないか」と多少抗議の申し入れをしたところ、後半戦からはようやく少しずつメディアに載《の》ることができたわけです。

このあたり、メディア戦の上手な小池さんからご覧になって、今回出馬した七海候補がもっとメディアに出ていくためには、どうすればよかったのでしょうか。また、彼女は本当に注目する必要のない〝話題性のない〟候補だったのでしょうか。そのあたりの見解はいかがでございましょうか。

小池百合子守護霊　いや、美しいお嬢《じょう》さんで、たいへん聡明《そうめい》であられて、将来性の高い方だと思いましたよ。だから、「年齢が離《はな》れていてよかったなあ」と、本当につくづく思いました。たぶん、同年代でいたら、ものすごい強いライバルで

幸福実現党広報本部長・七海ひろこの守護霊が、繁栄の未来ビジョンを語る。『繁栄の女神が語る　TOKYO 2020』（幸福の科学出版刊）

おられたんじゃないかと思いますね。

ただ、前提条件としてね、「東京都知事」っていうのが、十六万人以上の職員を抱《かか》えている大所帯ですからね。「十六万人以上を束《たば》ねる」のに、「年功序列の日本なので、やっぱりある程度、六十か、それを超《こ》えるぐらいの年齢はあったほうがいいのではないか」っていうことと、「政界、あるいは行政実務のキャリアが、ある程度あったほうがいいんじゃないか」っていうことが、一般《いっぱん》意識として働くぐらい、東京都民の民度は本当は高いんでねえ。

まあ、普通《ふつう》は、「選挙」っていうのは、「美人投票」とか、「人気投票」みたいに言われることはあるんだけど、東京都なんかにいますと、みんなメディアをよ

東京都庁第一本庁舎（右）、第二本庁舎（左）

く見ておられるし、読んでおられるし、意識は高《たこ》うございます。

だから、そういう人気とか、外見とか、ムードだけでは、本当は必ずしも入ってなくて、ある程度、「選ばれる可能性があるのはどのくらいか」っていうのが、〝集合無意識〟風にだいたい見えていたということは言えます。

で、「メディアが三候補に絞《しぼ》ったところは不公平だ」っていう考えは、他の候補者から見たら当然出るべき言葉だと思うし、私もその気持ちは分かるので、他候補たちと一緒《いっしょ》に合同でやったこともございます。

それは、おっしゃるとおり。「筋論《すじろん》」で言えば、放送法の「不偏不党《ふへんふとう》」の考え方から見れば、それは同じようにやらなきゃいけないけども、スポンサーがついてるんですよ、テレビとかにはね。スポンサーがついてるので、あまり有名でない方々を長く流すと、みんながチャンネルを切っちゃうんですよね。

だから、CMスポンサーのほうが嫌《いや》がるので、やっぱり、ある程度、「視聴率《しちょうりつ》がどうか」っていうのをよく見てるので。「この候補なら、ちょっと聴《き》いてみようか。観《み》てみようか」という感じになるかどうか、よく見ておられるので、そのへんの関係もあったのかなあと思いますね。

要するに、流すこと自体は自由なんですけども、スポンサーがついてるので、そこからは必ずしも自由ではない部分はあって、視聴率が取れなければ駄目《だめ》ですよね。

だから、宗教で言えば、中村元《なかむらはじめ》先生のような方が、NHKの「こころの時代」みたいなので日曜日に出られても、なかなか（視聴率が）一パーセントも取れないっていう。これは、続けるのは非常に根性《こんじょう》の要《い》る仕事ですよね。NHKだからこそできたことで、民放で一パーだったら、すぐ打ち切りですよね。まあ、そういうふうになるので。

だいたい、主要メディア、テレビなんかに出るには、「十パーセントを取れる」

っていうのが一つの基準なので。「十パーを取れる人かどうか」っていうところで、ある程度、彼らもプロとして、そのへんを目分量で見ているところがあるんですね。

つまり、十パー以上取れる人だったら入れ替《か》えても構わないんですが、「少数得票しか取れないと思われる候補の露出が、いったいどのくらい続けばチャンネルを替えられるか。消されるか」っていうタイミングを計るわけです。

だから、「この人は三十秒。この人は十秒。この人は五秒」っていうのがだいたい分かるのが、ディレクターの力であるので。

もちろん、それぞれの候補者は、「候補者として出る自由」はあるし、「意見を言う自由」もございますけれども、流すほうは流すほうで、「視聴率を維持《いじ》する自由」もあることはあるので(笑)。

だから、おそらく私たちが流れた時間から比べれば、すごく短い時間しか出なかったし、切り取られて少ししか出なかったでしょうけど、「チャンネルを替えさせないぐらいの間しか流せなかった」っていう面はあったのかなと思う。

得票数の落差を見るかぎり、「メディアの法的責任は問えない」

小池百合子守護霊　だから、百万票以上取ったのは結局三人だけで、あと次は十何万票ぐらいまで取りましたけど、落差がそうとうございましたわね。三人の次は、上杉《うえすぎ》候補でしたか？

あの落差で見るかぎり、時間的に言ったら十分の一ということになるので、例えば、私に五分割《さ》いたとしたら、彼に割ける時間は三十秒ぐらいということに、普通はなりますわねえ。

だから、このへんは、痛し痒《かゆ》し、両方あります。ＮＨＫなんかは、あんまりきつく言われるとやらざるをえないですが。

まあ、政見放送《せいけん》っていうのは、いちおう、みんな同じ時間でやっておりますし、街頭とかでやるのは自由ですし、個別訪問も自由ですので。

だから、知名度があるか、ある程度、政党として実績のあるところが組織として応援していると いうことであれば、まあ、出してもクレームがないけど、「どうして、あの人がそんなに長く出るのか」っていう人をいっぱい出すと、やっぱり観るほうも納得《なっとく》しないところがあるんだという。

まあ、出ないで納得できない人もいただろうけど、観るほうも、納得するかどうかっていうのはあるし。新聞も、特別に大きなバックとしての政党もなく、あるいは、個人的にも知名度の高くない人があまり出ると「裏に何があるのかな」というふうに、いちおう勘繰《かんぐ》られたりすることもあるので、扱《あつか》いは難しかったのかなと思います。

だから、気の毒ではあったとは思うんですけど、結果的に、やっぱり、一桁《ひとけた》、二桁の差がついたということであれば、メディアの責任は、これは裁判所に問うたとしても、法的に責任はたぶん問えない。

もし、四番手の人が百万票取って、五番手の人が八十万票取ってたっていうんだったら、このへんを扱わなかったら、それは「不公平」という言い方はあります。逆転する可能性がないわけじゃないけども、これだけ差がついたら、逆転の可能性がありませんので、まあ、そういうところかなとは思います。

いや、私だってそれは、三十一、二（歳《さい》）で立候補していたら、それは、そんなに変わらないと思いますので。数万票しか、きっと取れなかったでしょうから。

まあ、その間、三十年間いろんなことをやってきて、実績とか知名度とかをつくってきた面が、まったく新人と一緒というわけにはいかないところはあったのかなあと思います。

ただ、七海さんに関しては、素質のいい方で、立派な方で、女として同世代で戦わされたら、私なんか、とても及《およ》ばないような方なんじゃないかなあというふうに思います。

まあ、誰かに奥《おく》さんとしてさらわれなければの話ですが。そういう、〝ご禁欲の体制〟を続けられるのかどうかも、都民はジッと見ておられる可能性がありますね。あれだけハグされたら……。「誰かが、『嫁《よめ》さんになってくれ』と、強烈《きょうれつ》に、バラの花束を持って自宅に突撃《とつげき》してきたら、断り切れるのかなあ、どうかなあ」っていうところはあるから、「都知事として四年間もつのかなあ」っていう気持ちは、やっぱりあったかもしれませんねえ。

4　政治家に対する〝マスコミ試験〟をどう乗り切るか

マスメディアが政治に対して果たしている役割

大川裕太　今日は、ご降臨くださり、ありがとうございます。

私《わたくし》からは、メディアに関連して、世論《せろん》の形成のところについてお訊《き》きしたいと思います。

例えば、小池候補が、最初に出馬を発表されたあとに、民進党系から、鳥越俊《とりごえしゅん》太郎《たろう》というジャーナリストの候補が出てきました。そして、最初のうちは、鳥越氏のほうがずっとトップを走っておりました。

しかし、「週刊文春《ぶんしゅん》」という週刊誌が、鳥越氏の女性スキャンダルを報道した結果、鳥越氏の支持率が急落し、各マスメディアがこぞって鳥越氏を叩《たた》くという構図になったわけです。もう、ほんの一本の記事ですべてを引っ繰《く》り返されてしまうようなところが、日本の世論にはございます。

もし、これがなければ、あるいは小池さんのほうが、「週刊文春」等の記事を一発書かれていたら、まったく違《ちが》う選挙戦になったのかなというふうにも考えられます。

このあたりについて、どうお考えでしょうか。

小池百合子守護霊　それは、マックス・ウェーバーさんが、『職業としての政治』か何かにも書いておられると思いますけれども、メディアもやっぱり、政治を担《にな》う専門家の一つではありますのでね。だから、週刊誌だって、専門的に政治家とかをずーっと研究、探究なさっていますから。だから、書く資格は当然あるとは

●マックス・ウェーバー（1864～1920）　ドイツの社会学者、経済学者。近代における社会科学の方法論を確立した。主著に『プロテスタンティズムの倫理と資本主義の精神』『職業としての政治』等がある。

思います。それの〝弾《たま》〟が当たるか当たらないかっていうところは、やっぱり大きいところですよね。

まあ、鳥越さんの問題は、別に、裁判で判決が出ているわけじゃないから、「一方的に攻撃《こうげき》されて、撃《う》ち落とされて、気の毒だ」っていう面はあるかもしれないけれども。

ただ、都民の多くは、「都知事に選んでからあと、また辞《や》められたりするんだったら、たまらない。もう一回選挙ですか」っていう、そういう嫌気《いやけ》はやっぱりあったと思うんですよね。

だから、普通《ふつう》、（都知事に）なってからでも、いろいろ叩かれて出てくるもんですから、なる前に出てくるっていうのは、それはメディアとしては、いやらしいといえばいいやらしいけども、親切という意味では親切で。そういう悪い材料を早めに出しといて、「それでも選びますか」ということで、それでも選ばれるんだったら、まあ、しかたがない面はありますから。

そのへんの、試験は……。まあ、そうね、センター試験みたいな〝一次試験〟ですよね。それが、やっぱり出てくるということでしょうねえ。

政治家には「クリーンハンドの原則」が問われる

小池百合子守護霊　特に、彼の場合は、「クリーンハンドの原則」のところが引っ掛《か》かったと思うんですよね。

彼自身もテレビのキャスターをやっていたし、週刊誌の編集長もやっていましたから。あれは、宇野《うの》総理でしたかね。非常に短かった総理大臣がいたと思うんですが、宇野総理の愛人疑惑を「サンデー毎日」か何かで集中して追及《ついきゅう》されていて。あなたがた（大川真輝、裕太）が生まれていない時期だから、ご存じないと思いますけど。

あのときに、「三本指」っていうのが非常に流行《はや》って。指を三本出して、これは、「三十万（円）」という意味なんですが、「愛人に三十万円払《はら》っていたけども、だんだんそれを整理して、三十万出せなくなって、切った」というところあたりで愛人のほうが〝食いついて〟きた。それを鳥越さんが編集長をしていた「サンデー毎日」が追及して、「こんなことは、首相にあるまじきこと！　断じて許せない」みたいな感じで正義のペンを振《ふ》るっておられたので。

まあ、そういうのを覚えてる世代が、やっぱりいらしたんでね。

それは、「クリーンハンドの原則」で、「自分の手が汚《よご》れている者は、人の手が汚れていると言う資格がない」っていうのが一つあるじゃないですか、法律的に。お勉強なされてるでしょう？　それがあるから、「自分もやっといて、言えないでしょう」という。

そういうところに、政治家として「裏表《うらおもて》」があるというか、「偽善性《ぎぜんせい》」があるんだったら、これもやっぱり、政治家としての資質を見るときの、まあ、一つの指標にはなりますからね。裏表があるかどうかっていうのを、ちゃんとしとかないと、舛添《ますぞえ》さんのときみたいに、あとからいろいろ言われたら困るところはあるので。

まあ、いろんなお金の問題とか異性の問題とか、その他いっぱい出てきますけども、正直に言って、能力はある程度分かるところはあるけども、能力を超《こ》えた、人格や道徳の問題もある。

あと、政治家は、嘘《うそ》はいっぱいつく種族ではあるんですけども、嘘はついても、まあ、「嘘のつき方」ですよね。首相が、「(衆議院を)解散するか、しないか」みたいなのをチラつかせたりして嘘をつくっていうのは、これは政治的駆《か》け引きの領域だから、これで「嘘つき」ということは言えないし、「日銀が公定歩合《こうていぶあい》を上げるか下げるか」みたいなのだって、本当のことはなかなか言えないので、これだけでもって「嘘つき」と言えるわけではない。これは仕事上の性質から、それで相場が動くから、そういうことがありますけれども。

だから、人間として、積極的に嘘をついたり、騙《だま》したりするような傾向《けいこう》が強い人であるならば、「そういう人だけど、いいですか」っていうことを世論に問うのは、やっぱりマスコミの仕事で。それで反作用のほうが激しくて、「よくそんなことを鳥越さんに対して言ったな」というのが強すぎたら、それは週刊誌のほうが叩かれて、今度は部数が減るわけなんで。

週刊誌等はたいてい、大手新聞とかテレビ局がスクープする前に、〝狼煙《のろし》〟として上げるもので、だいたい立場的にそうなってるので。大手テレビ局とか大手新聞なんかに入れなかったような人が、だいたい次に週刊誌あたりに入っていって、その鬱憤《うっぷん》みたいなのを記事で晴らしていくというのが、だいたいの筋《すじ》で、ときどきそういうスクープや大金星《だいきんぼし》を取れるところが彼らの醍醐味《だいごみ》なんですよねえ。

週刊誌が都民に提示した「考える材料」

小池百合子守護霊　だから、「週刊文春」も、ここのところ編集長がなかなか冴《さ》えを見せているので。まあ、嫌《きら》われる仕事ではあろうけれども、それは嫌われはするんで、個人的に嫌われるけども、都民に対して、「考える材料を示す」という意味では、しかたがないことで。

ほかの人だって、ないわけじゃないのかもしれないけども、例えば、通らないことが分かってる人のことを暴《あば》いたところで、はっきり言えば、無駄弾《むだだま》になっちゃいますからね。弾が無駄になっちゃうから。通る可能性がある人だからこそ、弾を撃つ必要があって、「それを差し引いても、この人が都知事にふさわしい」っていうんなら通ると思うんですよ。このへんは、やっぱり、「力」でしょうね。

例えば、田中角栄《たなかかくえい》さんみたいな人が、総理になるまでの間にも、「お金」とか

「女性」とかの噂《うわさ》がたくさんありましたよ。それをマスコミはみんな知っていた。そんなこと、みんな知っていたけども、それを差し引いても魅力《みりょく》があったから、いちおう総理になったわけで。

ただ、総理になったけども、インフレが起きてね。悪性インフレが起きて、「このまま任せておけない。降ろしたくなった」ということであれば、今まで持ってた材料を出してきて、公開することで撃ち落とす。これもマスコミの仕事なんですよね。だから、権力者を落とすのも仕事の一つなので。

私だって、そりゃあ六十四年も生きてきたら、まあ、資産公開、資金公開はできるけども、どこで何があるかは分かりませんよ。私の知らないところや、いろんなところもあるし、人間関係だって、いろんなことはあるかもしれないけれども。それが、当選させないほどのネックになるかどうかといえば、「第一次判断」はしてると思うんですよね。だから、「仕事として、そういうことがあってもいいなら、やらせてみてもいいかな」、と。

その代わり、都知事としての仕事がまったく、にっちもさっちもいかない、立ち往生《おうじょう》になって、今おっしゃるような、「都議会がまったく進まなくなって、何にも法案（条例案）も通らず、政治がなってない」というんだったら、隠《かく》し持ってた弾がみんな出てくる。そして、私を攻撃し始めて、支持率を下げてきて、最後は舛添さんのときのように囲み取りになって撃ち落とす。だから、「任期を全《まっと》うさせない」っていう戦術に出る。これ、二番目なんですね。最初は、「当選する前に悪い材料を出してみる」っていうことですね。

「消去法で勝ったのかもしれない」と分析《ぶんせき》する小池氏守護霊

小池百合子守護霊　これは、石原《いしはら》（慎太郎《しんたろう》）さんだってやられてるはずで、鳥越さんと同じようなことはやられてる。うーん、都知事に当選なされたときに、愛人宅から登庁《とうちょう》したかなんか、そんなのだったと思いますけど。そういうのがスクープされたと思いますが、それでも彼は睨《にら》みつけただけで平然とやっておりましたので。

まあ、そのへんは、「男の度量《どりょう》」みたいなところでしょうかね。「それがどうした！」っていうようなところでしょう。「俺《おれ》みたいないい男だったら、女性ぐらい、いて当然だろうが。でも、仕事を見てくれ。ほかの人とは違うぞ」と、そういう啖呵《たんか》を切ってやれるかどうかだと思うんですよね。

ほかにいいところが何もなかったら、うーん、けっこう、増田《ますだ》さんみたいな人でも弱いだろうとは思うんですね。「自民・公明推薦《すいせん》」っていう、その推薦の条件が崩《くず》されたら弱いと思うので。

たぶん、増田さんが、自民・公明に推薦されたのは、「ネガティブな材料が出にくいだろう」と見たんだと思うんですね。まあ、真面目《まじめ》な方で、ちょっと、おとなしい方でもあられたので、ネガティブな材料が出にくいからいいんじゃないかということで、「消去法」で出されたのではないかと思うし。本当は、桜井俊《さくらいしゅん》さんのほうが本命だったけど、逃《に》げられてしまったんでしょうね。もし、桜井さんだったら、息子《むすこ》さん（アイドルグループ「嵐《あらし》」のメンバーである櫻井翔《さくらいしょう》氏）のほうが大々的に盛り上げられてしまうと、週刊誌から女性週刊誌から、みんな味方についてくるので、けっこう難しい面はあったかもしれませんがね。

まあ、人間として、個人として見たらつらいことで、〝公開処刑《しょけい》〟に近いかたちにはなるんだけども、「一千何百万都民の長《ちょう》に立つということは、それだけの重みは背負ってるんだ」ということも自

東京都職員の前で訓示する新都知事の小池百合子氏（2016年8月2日撮影）

覚しなきゃいけないってこと。

ただ、鳥越さんの場合は、実は、政策面が弱かったのが大きかったと思うんです。政策面で話を聞けば聞くほど、実務能力っていうか、「行政能力があるんだろうか」っていうところに疑問がだんだん広がってきたので。なんか、行政能力がものすごくありそうでしたらよかったけど、「これから聞きます。都民の声を聞いてやります」と、マスコミ的にやろうとしていましたよね。

だけど、マスコミ的にだけやるのはちょっと無理で、やっぱり行政手腕《しゅわん》が要《い》る。私もマスコミ出身ではあるけれども、参議院議員や衆議院議員、それから大臣等も経験していますので、そうした政治的な判断がある程度できる、断行できるというところは買われたんではないかなというふうに思います。

そういう意味では、「私が勝った」といっても、「本当に人気があって勝った」というよりは、ある意味では、「消去法で勝ったのかもしれない」と思います。

5 「国防・エネルギー政策」について本心を訊《き》く

政策に込《こ》められた思いを語る

大川裕太　今、政策についてのお話が出ました。もしかしたら失礼に当たるかもしれないのですが、小池さんについて、このような話を聞いたことがあります。

小池さんは、日本新党の時代から、保守党、あるいは、自民党に戻《もど》ってこられたりと、いろいろな政党を経験されているわけですが、あるとき、「新しい政党を立ち上げるなんて私なら三日でできる。政策なんて一瞬《いっしゅん》で書けてしまうんだ」というような発言をされたことがあると聞いています。

そういう小池さんにとって、本当に一本、筋《すじ》の通った政策というか、あるいは、「成《な》し遂《と》げたい政策」というものがあるのでしょうか。それとも、本質としては、「政治屋」に近いご信条を持っておられるのでしょうか。

このへんが、われわれとしても、まだ分かりかねているところなのかなと思いますので、もし、政策面に関して、何か一本、筋を通したいというようなものがありましたら、お教えいただければありがたいです。

小池百合子守護霊　まあ、基本的には、保守的な政治思想に共鳴《きょうめい》するところは多いので、そういう人間なんだということだろうとは思うんですが。

ただ、カイロ大学なんかに留学したのを見ても分かりますように、「砂漠《さばく》の地には緑が欲《ほ》しい」っていう感じの、なんか環境《かんきょう》にも惹《ひ》かれるものがあって。たぶん、環境とかの問題をやりたいところは、左翼《さよく》勢力、革新勢力のほうも支持が出る部分なのかなとは思っています。

でも、嘘《うそ》で言ってるつもりはなくて、もちろん、自分に関心があるから言っていることです。

それから、世界の都市を見ましても、まあ、舛《ます》添《ぞえ》さんも、「美しい東京をつくりたい」と思っておられたとは思うんですけど、私も、「東京は、改善する余地はかなりある」と思っています。

やっぱり電柱とか電線とかは見えないようにしたいなという気持ちがあって、きれいな都市にするためには、そうあるべきだと思うし、〝日本人には電線が見えない〟っていうのは、どうしても納得《なっとく》いかないところがあるし、緑をもうちょっと増やしたいところもあります。それから、夏のアスファルトの熱さですね。こんなにアスファ

エジプトの都市ギーザにあるカイロ大学のキャンパス。宗教的な建築の校舎が建ち並んでいる。

ルトが溶《と》けてくるぐらいの暑さのなかで、もうちょっと清涼《せいりょう》感を出せる方法はあるんじゃないかなと思うところはあったので。

まあ、東京に住んでみて、個人的に感じるところはかなりありますのでねえ。そういうところを、女性的な面も生かして、何か具体的なもので改革していけることがあれば、改革していきたいなという気持ちは持っています。

「三日でできるかどうか」っていうことに対しては、傲慢《ごうまん》に聞こえたら、それは訂正《ていせい》したいと思うんですが、「常々、いろんなことに対して問題意識を持っている」ということなんですけどね。

屋上の緑化をしているデパートの屋上庭園で打ち水をする小池百合子環境相（当時。右から２人目）（2005年７月19日撮影、東京・中央区の日本橋髙島屋）

政治家を志すきっかけとなった「エネルギー問題」への関心

大川真輝　今、エコのお話が出ましたけれど、小池さんは、「太陽光発電」ですとか、「環境税の導入」ですとか、そのあたりの政策への思想も持たれていると思うのですが、私からは、エネルギー政策について質問いたします。

小池さんが政治を志したきっかけというのが、お父さんからよく聞いていたお話だったそうです。お父さんは石油関連のお仕事をなされていて、また、海軍中《ちゅう》尉《い》だった方で、船に乗ったことはないけれども戦争も経験されているという方でした。

そのお父さんから、「なぜ日本が戦争に負けたのか分かるか。日本のアキレス腱《けん》っていうのは、要するに、石油資源のところだったんだ。これが十分に自給できなかったから、日本は戦争に負けたんだ」というお話を幼いころよくよく聞かされており、そこから石油を多く産出する地域である中東などにも意識を持たれたというお話を伺《うかが》っております。

このエネルギー政策に関しまして、現在の小池さんを見ますと、「太陽光発電で、何とかやっていけるんじゃないか」という思想もお持ちなのかなとも感じるのですが、そのあたりの本心をお聞かせいただければと思います。

小池百合子守護霊　確かに、人生のスタート点において、「中東とのパイプ役になれれば、自分の生き筋が見えるんじゃないか」と思ったのは、年代的なものが多かったと思うんですねえ。

だから、田中角栄《たなかかくえい》さんの年代が一九七〇年代ですけども、そのころには、また石油危機、オイル危機ですねえ、石油ショックがあった時期ですね。それと、父の「太平洋戦争時代に、やっぱり石油がなかったら戦えない。要するに、軍艦《ぐんかん》も動かないし、戦闘機《せんとうき》も飛ばないし、電車も走らない。それで、工場生産もできないっていう状態だから、石油が大事なんだ」っていう話からすると、やっぱり、中東とのパイプは必要で。

最大の武器は、まあ、「語学」でアラビア語とかができるっていうようなことも最大の武器だし、国際政治感覚として、日本人で中東のほうを知ってる人はすごく少なくて、専門家が少ないので。

専門家が多いところは……、例えばアメリカなんかだったら、もう専門家が山のようにいるので、そこで頭角《とうかく》を現すのは難しいけど、専門家が少ないところに行けば「勝ち筋」が見えるということもあったので。

まあ、そのあたりから何か、少なくとも「中東のほうの専門家」ということで

第二次石油危機の石油不足で、ガソリンスタンドには「新規のお客様お断り」の看板も出現した（1979年7月26日撮影、東京都中央区日本橋人形町）。

あれば、将来、特にエネルギー問題にかかわれるんじゃないかなと思ったことは事実です。

それが意外に、結果として、マスコミのほうに出られるチャンスにもなったり、また、政界にも出られるチャンスにもなったのかなと思っています。

太陽光発電云々《うんぬん》の問題は、まあ、難しい問題はあると思いますが、東日本大震災《だいしんさい》等があって、国民の大半が「日本の原発は大丈夫《だいじょうぶ》か」って心配している状態で、マスコミも大半はそういう論調ではありましたので。これが事実であるかどうかは別にしても、一度起きたことは二度起きないという保証はありませんし、やっぱり、安全の比率を増やしていかないと。地震大国ではあるので。

うーん、原子力発電も「安全だ」と言われて神話ができてたんだけども、必ずしも安全でないし、菅《かん》政権のときには、「もう東京都民を避難《ひなん》させるか」っていう話まで出ていたわけですから、そらあ大変なことになりますわねえ。

どこの原子力発電所が事故になったとしても、大都市圏《けん》は必ず影響《えいきょう》が出ることにはなると思うので、「代替《だいたい》エネルギーの研究」というのは、やっぱり避《さ》けては通れないと思うし。まあ、太陽光発電も、私がよく知っている中東諸国においても、非常に有力な問題で、「彼らはまだ、油を売りたい」とは思いますけど、油が出にくいところでしたら、それは有力なエネルギー源ですよね。だから、アフリカなんかだったら、それは重要なエネルギー源になるし、中東の国でも一部が使える可能性もありますので、研究の余地はあるとは思っています。

ただ、将来的にどうかっていうことは、防衛大臣もやった身から見ると、例えば、北朝鮮《きたちょうせん》や中国やいろんなところに今後の潜在《せんざい》的脅威《きょうい》があるなかで、「太陽光発電だけで日本が生き残れるかどうか」っていうことに関しては、一定の疑問はないわけではなかったし、「原子力というのを本当に完全になくしていいのかどうか」っていう問題は、やっぱりありました。

だから、「アメリカとの協調関係がうまくいけば、いけるかもしれないけど、うまくいかなかったときには、先の大戦みたいになる可能性はある」という、おたく様が主張しておられるとおりのことですね。これについては、「やっぱり、そうではないか」というふうには思ってはいました。

尖閣《せんかく》諸島問題についての見解とは

大川真輝　エネルギー問題というのは、国防政策に直結してくるものですよね。

小池百合子守護霊　はい、そうです。

大川真輝　〝国防〟政策が都知事という職に、どれほど関連してくるかは分かりませんが、二〇一二年四月、当時の石原《いしはら》都知事は、「尖閣《せんかく》諸島を東京都が購入《こうにゅう》する」ということをアメリカ・ワシントンで発表されたことがございました。そのあと、少し流れも変わって、「国有化」のほうに進んだんですけれども。

小池百合子守護霊　うん。

大川真輝　現在、その尖閣諸島近辺で、中国の漁船、公船に当たるものが三百隻《せき》近く、毎日のように、接続水域まで来ているという状況《じょうきょう》が起きております。また、乗員には中国の民兵が含《ふく》まれていることも、明らかになっています。まさに、小池さんが防衛大臣であられた時代に最も懸念《けねん》されていた事態が今、現実に起きて

東京都が尖閣諸島の一部を購入する案について、報道各社の質問に答える石原慎太郎《しんたろう》知事（2012年4月19日撮影）。

いるという状況かと思います。

また、「あのときに東京都が尖閣を購入しておれば、国有化ではないので、尖閣諸島は中国との間でこれほど大きな問題にならなかったのではないか」という意見も一部にはあるようです。

このあたりの観点につきまして、何かご意見を頂ければと思います。

小池百合子守護霊　まあ、石原都知事（当時）としては、たぶん、「尖閣が東京都所有になれば、東京都で防衛できる」っていう考えもあったんじゃないかなあと思いますね。

石原さんは、本当は首相をしたかった方ではありましょうけど、まあ、力学で

尖閣周辺海域（日本領海外）に展開した中国公船と漁船（2016年8月6日撮影、海上保安庁提供）。

なれなかった方なので。ただ、尖閣を東京都所有にすれば、東京都がそれを警備するのは問題ないので、石原さんならば、おそらくは尖閣を東京都の公有地にした場合、灯台を建て、ある種の防衛施設《しせつ》は強行的につくっただろうなあとは思いますね。

たぶん、やったでしょう。まずは、灯台等、常時、十人、二十人の人の駐在《ちゅうざい》、および、ある程度の警備ですね。まあ、東京湾《わん》警備ぐらいの警備体制は敷《し》くつもりでいただろうから。「国ができないなら東京都がやってやろうかな」というふうに、たぶん思っておられたんだと思います。

まあ、野田《のだ》（佳彦《よしひこ》）さん（当時首相）とかが、「国の仕事に口を出すな」みたいな感じで出てこられて、「国のほうで買い上げ」ということで、立場が違《ちが》いますので国有化された。

ただ、「国有化」という意味は、中国にとっては大きな意味で、中国にとって

「国有化する」っていうことは、「自分の国（中国）のようになる」ということだと思ってますから。国有地っていうのは、彼らは自由にできますから、「いつでも軍事転換《てんかん》可能だ」というふうに取りますからねえ。

そういう意味で、うまくいっていない例かなというふうに思っています。

あのとき、石原さんが、東京都の土地として何らかの施設を強行的につくって、国の許可に関係なく、東京都の許可だけで建てられるということで建物でも建てて、あるいは、一部警備を置いておいたら、ちょっと違いはあったのかなというふうには思いますねえ。

ビジョンは「都知事としての成功を引っ提《さ》げての国政復帰」!?

大川裕太　今、守護霊様のお話をお伺いし、また、小池都知事の都知事選のときの公約を見させていただいて、いろいろと考えるところがありました。

例えば、日本の現状に対して、「五輪の予算をもう少し検討する」とか、「待機児童の問題を解決する」とか、「都知事の支出の透明化《とうめい》を図《はか》る」とか、日々、マスコミで話題になるような、泡沫《うたかた》のように消えていくテーマや論点について、かなり切り込《こ》まれていたと思います。

ただ、その一方で、本当に実現したい「大きな国家ビジョン」というか、「かくあるべし」という「グランドストラテジー（大戦略）」のようなものが、いまひとつ見えてこない面があるのかなと感じています。

このあたりについて、何か思想をお聞かせいただければと思うのですけれども。

東京都知事選挙の告示前に行われた共同記者会見で、一番訴えたいことについて説明する自民党衆議院議員の小池百合子氏（2016年7月13日撮影）。

小池百合子守護霊　うーん……、まあ、私も、本当は首相がしたいんですが、これは運がないと駄目《だめ》なので。

まあ、安倍《あべ》さんが、オリンピック（二〇二〇年の東京オリンピック）ぐらいまでやりたそうな感じなので（笑）。「総裁任期を延長してまで、オリンピックまでは、やる」というのなら、こちらは〝足踏《あしぶ》み〟状態になりますのでね。

だから、オリンピックまでに、都知事としての実績は出してみたいし、オリンピックも成功させてみたい。もし、そのときに、政治的に運気が残っていて、人気がすごく高くなっていたら……。

あるいは、石原（慎太郎《しんたろう》）さんが、都知事からもう一回、国会議員に戻って、首相を目指したけど駄目だったということもありましたけど。もし、ヒラリーさんが大統領になっていて、世界的に、「女性大統領の時代」というような流れができてきたりしてね。

それで、（私が）メルケルさんみたいな活躍《かつやく》をしているような感じになってきていたら、あるいは、「都知事をワンクッション四年やって、東京オリンピックの実績を引っ提《さ》げて、もう一回、国政に復帰するようなチャンスもあるか」などという気持ちも、少しはあることはあります。

ただ、防衛問題については、「首都防衛」は大事なことですので、それについてはやりたい。また、震災に関しても、やっぱり、「首都防衛」は非常に大事です。「首都が震災でやられない」ということは、「この国が機能する」ということではありますのでね。

まあ、東北や神戸《こうべ》等がやられても、この国自体は沈《しず》まなかったけれども、東京が同じように、マグニチュード9・0以上の地震に襲《おそ》われたりした場合は、この国の機能は十分危険です。

ですから、ここを目指して、「おおさか維新《いしん》」、また、元の「維新」とかには、

「大阪《おおさか》にも、副都心というか、大阪都をつくりたい」みたいな意見があったのではないかと思うんですけど。まあ、「防災化自体は、四年あれば、もう一段進めることは可能かな。これは、国防の観点からも十分役に立つのではないか」とは思っています。

6　今の政界の「リーダーの選び方」について本音を語る

「首相公選制」については、どう考えているのか

大川真輝　今、「安倍《あべ》さんが長期政権を目指すかもしれない」というお話がありましたけれども……。

小池百合子守護霊　はい。

大川真輝　自民党の新幹事長になられた二階《にかい》（俊博《としひろ》）さんが、幹事長になられて早々に、「三期九年まで（自民党総裁の）任期延長はありえるのではないか」と

いうお話を挙げられました。

また、安倍さんが新たに党三役に任命された方の平均年齢《ねんれい》は「七十歳《さい》前後」というところがございまして、まさに、今、「ポスト安倍」を次々と外しにかかっているような状況《じょうきょう》になっているのかなと思っています。

小池百合子守護霊　はい、分かります。

大川真輝　それで、小池先生は、二〇〇八年に一度、自民党の総裁選に出馬されており、実際のところ敗れているのですけれども、（小池百合子氏著の新書を手に取りながら）ここにある、おそらく、そのと

2008年に行われた自民党総裁選挙の共同記者会見で質問に答える（左から）与《よ》謝《さ》野《の》馨《かおる》経済財政担当相、石《い》破《しば》茂《しげる》前防衛相、麻《あ》生《そう》太《た》郎《ろう》幹事長、小池百合子元防衛相、石原伸晃《のぶてる》元政調会長の5候補（2008年9月10日撮影）。

きに書かれたであろう本（『もったいない日本』）によりますと、「やはり、首相公選制を導入すべきではないか」ということをおっしゃっています。

そういう意味で、「自民党内での派閥抗争《はばつこうそう》や、年功序列だけでは、本当に正しいリーダーが日本に生まれないのではないか」ということを、根底《こんてい》から思っていらっしゃるのかなと考えています。

『もったいない日本』（小池百合子著、主婦と生活社刊）

小池百合子守護霊　うん。

大川真輝　このあたりの、「まだ、次期首相への道も見据《みす》えておられるのか」とか、「ポスト安倍の今後はどうなっていくのか」ということについて、お考えをお聞かせいただければと思います。

小池百合子守護霊　まあ、首相公選制であれば、石原慎太郎《いしはらしんたろう》さんも首相になっていらっしゃるだろうし、もしかしたら、舛添《ますぞえ》（要一《よういち》）さんも可能性はあったかもしれない。また、たぶん、私も可能性はあるだろうとは思っています。

　このへんは、幸福の科学さんにちょっと頑張《がんば》っていただきたかったところではあるんですけど（笑）、まあ、間に合わないかもしれませんが。

　やっぱり、「密室で決める。一人二人が決める」っていうのが日本のやり方でしてね。「だいたいは、時の裏権力を持っている人が決める」っていうのが、日本のやり方であるので、「これは本当に民主主義的に正しいのだろうか。やっぱり、大勢の民意を生

「首相公選制」と「大統領制」の利点と欠点とは。日本に適したリーダー像を考える。
『「現行日本国憲法」をどう考えるべきか』
（幸福の科学出版刊）

かさなきゃいけないんじゃないか」っていう気持ちは持っています。

ただ、(首相)公選制にするとね、あるいは、大統領制にした場合は、例えば、「本当にビートたけしが大統領になったらどうするんだ」とか、「そのまんま東《ひがし》(東国原英夫《ひがしこくばるひでお》氏)が大統領になったらどうするんだ」とかいう見方もあるんでしょうけれども。

でも、マスコミが確かにワンクッション入って機能はしていますので、「さすがに、大統領的な首相の場合、行政能力、専門知識がないような人は、なかなかさせないようにするのではないか」とは、私は思ってるんですけどね。

そういう意味で、「どこかで人気があるからといって通るか」、例えば、「イチローは人気があるから大統領になれるか」っていったら、それは、なれないと思うんですよ。

やっぱり、マスコミは、スポーツのジャンルでイチローを応援《おうえん》していますけれども、「イチローが大統領になる」とか、「首相になる」っていうんだったら、それは行政的にはほぼできないだろうとは思うので、そういうところに対して、冷たいことは冷たい。「欲が出た」ということで、それは叩《たた》く。たとえ、国民栄誉《えいよ》賞をもらおうとも、「向いてないものは向いてない」という判断はされるだろうと思うんですね。

「安倍《あべ》首相の危険性」と「コンペティターとしての抱負《ほうふ》」

小池百合子守護霊　逆に言うと、安倍《あべ》さんは、確かに、「間接民主制」でも首相になれるし、もしかしたら、「直接民主制」でも、今の人気の感じだったらなれるかもしれない。両方の可能性を持っている方であるので、お強いことはお強いとは思うんですけれども。

ただ、ライバルをどんどん消していって、ちょっと、〝自分流の独裁制〟に近づいていきつつはありますので、やっぱり、コンペティター（競争相手）はいたほうがいいんじゃないかなとは考えております。

幸福の科学さんからも、最近は、安倍さんを応援する部分と、一部、批判なされる部分も出てきているようには思いますので、私は、それは非常にマスコミ的な見方だと考えております。

だから、危険な面もあると思います。それは、ライバル、例えば、石破《いしば》（茂《しげる》）さんみたいな人を消していこうとしたりするし、おそらくは、小泉進次郎《こいずみしんじろう》氏あたりも、適当なところで、使えるだけ使って〝消される〟だろうと。

まあ、小泉進次郎さんも、そう思ってるでしょうから、安倍さんが首相をやっている間は、たぶん、「そんなに偉《えら》くなりたくない。〝迂回《うかい》〟して存在したいな。いなくなったら、あと、ちょっと大臣をやって頑張りたい」と思ってるあたりかなと、私としては思います。「あまり早く、三十代の大臣などが出たら、嫉妬《しっと》でやられてしまう」と思っていると思うので。非常に日本的だとは思うんですけどね。

私では、もう間に合わないかもしれないですけども、安倍さんの仕事自体は、今までの歴代の首相の二年ぐらいやってる仕事、一年か二年で替《か》わってる仕事から見れば、私も、この前、「九十点」という点をお出ししたように実績をあげておられるので、素晴《すば》らしいとは思います。

だけど、選択肢《せんたくし》というものは、やっぱり、ある程度持っていないと、民主制が衆愚《しゅうぐ》制、あるいは独裁制に陥《おちい》る可能性は、いつもありますのでね。ちょっとそういうところ……。

まあ、私の実力……、この前、「自民党の総裁には向かない」と反対されたけれども、都知事のほうでの実績で、どの程度の支持を頂けるかを見てみたいなと思っております。

都議会への対策なども、やっぱり、「国会対策ができるかどうか」の練習みたいなところもあろうと思うので、「どういうふうに都議会の心を解凍《かいとう》して、柔《やわ》らかくして、一緒《いっしょ》に仕事ができるようなウィン・ウィンの関係に持っていけるか」、これは力の見せどころかなと思っていますね。

他の女性政治家に「ライバル」と見ている人はいるのか

大川裕太　今、民進党の代表選（二〇一六年九月二日告示、十五日投開票）に向けた動きが並行《へいこう》して出てきていまして……。

小池百合子守護霊　ええ、ええ、ええ、ええ。

大川裕太　「一番人気が蓮舫《れんほう》さん」と言われています。あるいは、自民党のなかでも、稲田《いなだ》（朋美《ともみ》）さんが新しく防衛相になりました。

このように、女性の政治家が活躍《かつやく》する時代になってきつつあるのですけれども、小池さんにとって、明確に、ライバルや競争相手と思えるような方、あるいは、下の世代で今後そのようになってきうる方というのは、誰《だれ》かいらっしゃいますでしょうか。

小池百合子守護霊　私は私で、もう六十四もなりましたので。ヒラリーさんが、もう六十八、九ですか。だから、都知事を一期したあと、都知事を続けるか、国政に転じられるか、次は、このあたりが正念場かとは思っておりますけれども。女性としては初めてのことができるチャンスがあるかどうか、これから測っていきたいとは思ってます。

「ライバルが女性として、いるか」ということですが、安倍さんは、女性の大臣とかも出そうとなされてはいると思うんですけれども。

そうですねえ……、まあ、稲田さんは、思想的にも安倍さんに近くて、ただ、少し細《こま》かい感じの方ではあるので。弁護士出身で、非常に細かい頭脳を持っておられる方なので、「大所高所《たいしょこうしょ》からものを見て、やれるかどうか」、あと、「リーダーシップとして、大勢の人を引っ張っていく力が出てくるかどうか」は、まだ分からないところですねえ。

たぶん、さっそく、韓国《かんこく》や北朝鮮《きたちょうせん》、中国問題等で大きな問題にぶつかるだろうと思いますので、乗り切れるかどうか、手腕《しゅわん》が見ものですね。

彼女が、あっという間に「中道路線《ちゅうどう》」に戻《もど》らなければ大臣を維持《いじ》できないということであれば、たぶん、稲田ファンもがっかりされるでしょうから、どうなるか見ものですが、突出《とっしゅつ》して自分の意見を通せるほどの強いリーダーシップがあるかどうかといえば、ちょっと疑問ですねえ。

一方、確かに、蓮舫さんは、みんなを陶酔《とうすい》させるようなものは持っておられるので、たぶん、民進党の支持率回復には役に立つだろうとは思います。おそらくね。

もし都知事選に出ておられたらどうであったかと言われると、微妙《びみょう》な関係で。でも、そのときは、増田《ますだ》（寛也《ひろや》）さんとか、鳥越《とりごえ》（俊太郎《しゅんたろう》）さんは、たぶん（立候補が）なかったでしょうから。蓮舫さんと私の一騎《いっき》討《う》ちになったのかなとは思っております。

うーん……。もし、その一騎討ちになった場合、結果はどうかということで。まあ、自民・公明が私を応援してくれていたらの話ですけど、一騎討ちになったとしたら……。でも、やっぱり三十万票から五十万票ぐらいの差で、たぶん私のほうが勝ったとは思っています。

ですから、もし、蓮舫さんのほうが民進党の党首（代表）のかたちで人気を上げてきたら、今、私は（自民党に）ちょっと冷遇《れいぐう》されていますけれども、「小池の力も必要だ」というように思ってくださるかもしれないので。そういうふうな力学が働くのはありがたいかなと考えています。

大川裕太　ありがとうございます。

7 「男社会」の日本をどう変えていきたいか

「女性比率」だけを上げようとしても難しいところはある

大川真輝　次に、私からは、「女性政治家のあり方」について、お話しいただければと思っています。

小池百合子守護霊　はい。

大川真輝　小池さんは、常に、女性政治家としては最前線を歩んでこられたと思っています。

例えば、「女性初として、防衛大臣から始まって、自民党総裁選出馬、党三役就任、そして、今回は東京都知事にまでなられた」というところがございます。

ただ、現状、自民党の女性政治家を見渡《みわた》しても、大臣になられた方でも、やはり、まだ当選回数もほかの大臣と比べると少なく、女性だから優遇《ゆうぐう》されているように見える状況《じょうきょう》もございます。

ただ、小池さんの政策などを見させていただきますと、例えば「待機児童解消」であるとか、「福祉《ふくし》」のところであるとか、女性特有の強みを生かした政策発信もなされているのかなと思っていまして……。

海上自衛隊横須賀基地の護衛艦「おおなみ」に乗艦する小池百合子防衛相（手前）（2007年7月9日撮影、神奈川県・横須賀市）。

小池百合子守護霊　うーん。うん。うん。

大川真輝　やはり、男性が言われるより説得力があるなと感じるのですけれども、この「女性政治家の強み」について、また、「女性政治家は、これから、どのようなかたちで輝《かがや》いていくべきなのか」という未来のあり方について、お教えいただければと思います。

小池百合子守護霊　うーん……。比率的には、「女性が活躍《かつやく》できる比率を上げたい」っていう気持ちはあるでしょうね。日本は、国際標準から見て、だいぶ女性の登用が低いですからね。

例えば、目標として、「社長の何割を女性にしたい」とか、あるいは、「政治家の何割は女性にしたい」とかいう気持ちはあろうかと思うし、目標的には、たぶん、「四割程度ぐらいまでは（女性に）したい」っていう気持ちはあるんだろうとは思うんですが。

ただ、その数だけでいくと、何だろう？　例えば、アメリカで大学入試に黒人枠《わく》があってね、「点数が低くても、黒人なら入《はい》れる」とかいうようになると、やっぱり、白人の男女から文句《もんく》が出ることもありますよね。「黒人のほうは点数が低くても入れるんだったら、ちょっと優遇じゃないか」というようなことはあるので。

そのへん、すごく難しいところはあるのかなと思います。

女性が「仕事と家庭を両立させる方法」とは

小池百合子守護霊　それと、女性で、そのように男性と伍《ご》して仕事をするためには、やっぱり独身でないと、なかなかそうなれないところは、たぶん企業《きぎょう》でも同じようにあるのかなあと。というのは、やっぱり、仕事と家庭を両立させるのは、かなり厳しいということですかね。

例えば、「仕事人間の男性」というのは、もう家庭のほうは顧《かえり》みないでやってることが多いので、奥《おく》さんがよくできた人の場合だけ、男性としても出世可能なんでしょうけれども。

女性の場合は、これ、やはり、仕事……。まあ、公務中心になりますと、やっぱり、お世話してもらう部分のところに誰《だれ》か助《すけ》っ人《と》が入らないとできないので、なかなか難しいところはありますよねえ。

私らの年になりますと、親きょうだいなんかも、そんなに十分には使えない年齢《ねんれい》になってきますしね。若い人を使ってやると、女性が人を使うのはそれなりに難しいものがあるのでねえ。やっぱり、四割に女性が進出するには、このへんがけっこうネックになってくるだろうなとは思います。

もし、ヒラリーさんが大統領になったとしても、「ビル・クリントンは、その後……」みたいな感じで特集をやられたりしたら、何か男たちの哀愁《あいしゅう》を誘《さそ》って、きっと、ややつらいものはあるでしょうねえ（苦笑）。元大統領の〝かわいそうな生活〟というか、一人で夕ご飯を食べているところとか、何か家の草をむしってるところとかを流されたら、たまらないでしょうね。

そういう意味で、やっぱり難しいなという感じがあります。みんながみんな、私みたいには、いかないんじゃないかなとは思うので。女性を対等に扱《あつか》うことが女性を優遇する扱い方になることもありえるので、このへん、合意を取れるかどうかは、なかなか分からない。

ただ、みんなの見本というか、手本になるような人は出てきてくれたほうがありがたいかなとは思うので、やれるところまでやってみようかなとは思っています。

まあ、性別の違《ちが》いは、結婚《けっこん》して子供を産むときには必要ですけどね。ただ、それ以外の今の事務仕事とか、情報関係の仕事とかでは、男女の違いはあまりありませんしね。

戦争だって、もう電子機器で戦争をやってる今の時代になれば……、まあ、昔みたいな刀や槍《やり》や、そういうものを使っての戦いだったら男子のほうが強いですけど、ボタンを押《お》すだけだったら、これは情報処理技術だけの差になってきますので、そういう意味での男女差は縮んでいるとは思うんですがねえ。

ある程度の日本的伝統を汲《く》んで、男性を立てなきゃいけないという面はありながら、つまり、「女性らしさを保ちつつも、男性がやれる仕事をやってのける術《じゅつ》」を身につけていくしかないのところ方法はないんじゃないかなという感じを、私は受けています。

フロントランナーとして、女性政治家に「チャンス」を開きたい

武田　お話を伺《うかが》っていて、ぜひお訊《き》きしたいと思うのですけれども、小池さんの守護霊様は、「ゆくゆくは首相になりたいんだ」ということを、今回の霊言《れいげん》で何度かおっしゃいました。

最終的にかどうかは分かりませんが、そこにゴールを見定《みさだ》めていらっしゃると思うのですけれども、お話を伺っていて、「なぜ、小池首相でなければならないのか」というところが、若干《じゃっかん》、見えにくいのかなという感想を持ちました。

つまり、「都知事として実績を残してから首相を狙《ねら》うのだ」ということは分かったのですが、「なぜ、小池さんでなければならないのか。何をしたいのか」ということころを、国民に分かるようにお話しいただけないでしょうか。

小池百合子守護霊　うーん……、まあ、もちろん、私でなくても構わないとは思うんですけれども。女性で大臣経験者となると、数が絞《しぼ》られてきますからねえ。

そういう意味で、フロントランナーの一人であることは間違いないとは思っております。私でなくても別に構いませんが、男女が平等であるというならば、結果はともかくも、少なくとも「チャンスの平等がない」というのは、やっぱりおかしいとは思うんですよ。

まあ、「(日本も) 女性の知事ぐらいまでは許すようになってきたんだ」ということではあるけれども、外国では女性の首相とか大統領も、まだ、かなりいますからねえ。

武田　うーん。

小池百合子守護霊　だから、「日本も、天照大神様《あまてらすおおみかみ》の血筋《ちすじ》を引いている国である
ならば、そういうことがあってもよいのではないかな」と私は思うので。

ただ、女性は、何だかんだ言いながら、まだまだ社会的には差別されているこ
とも多いし、実際の政界も男社会でしょう。

それに、会社も、やっぱり男社会だと思うし、官僚《かんりょう》の世界も男社会ですよ。女
性官僚も増えてはいますけども、それは、みんな、「産休・育休が取れていいで
すね」「役人なら、法律で護《まも》られているからいいですね」というあたりのところ
でして。「女性だからトップにしたい」という気持ちは、あまり働いてはいない
と思います。

だいたい、夜中に帰ってくる奥さんなんかで主婦が務まらないのは、当然のこ
とではありましょうけどもねえ。

そういうことで、私は、女性としての限界というか、「女性に生まれ落ちた段

階で、あまり運命に制約がかかりすぎるというのは、どうなんだろうか」と。

だから、「チャンスがあればできる」という……、まあ、自衛隊にも女性がおりますように、やはり、ほかのところだって女性が出られるということが、たまにはあってもよろしいのではないかなと思っているだけで。

自分としては、ある程度のところまでは来たので。まあ、「東京都知事で私の限界が来るか、まだ能力的に余るか」、これを、自分でも自己研鑽《けんさん》を積みながら考えてみたいと思っているだけです。

8 「政治と宗教」について、その価値観を語る

「政治と宗教」については、どう考えているのか

大川裕太　今、守護霊様や地上のご本人も、「政治家」としての枠《わく》のなかでお話をされることが多いとは思うのですけれども、大川隆法総裁先生が小池さんを長年見ておられて、「この人には、何か宗教的人格があるのではないか」というようにおっしゃることが、しばしばございました。

これに加えて、幸福の科学、幸福実現党との関係においても、二〇〇九年には、小池さんのほうから、こちらに選挙支援《しえん》をお願いしてきてくださったりなど、当会とも何らかの共鳴性があるというふうに感じております。

小池さん、あるいは守護霊様から見て、宗教的な人格や思想について、何かお考えがございましたら、よろしくお願いいたします。

小池百合子守護霊　うーん……。（目を閉じ、口に手を当てて考えるしぐさをしながら、約十秒間の沈《ちん》黙《もく》）うーん。うーん。（約五秒間の沈黙）

私も、「宗教と政治」というのは、何か、きっぱりと分かれるものではないような感じは受けてはいて。どうも、政治のなかに宗教があるし、宗教のなかに政治があるような感じはするので。

あなたがたが主張しておられる……、あなたは、『宗教立国』（『幸福実現党テーマ別政策集　1「宗

「政教分離」の誤解を分かりやすく解説する。
『政治と宗教を貫く』
（大川隆法・大川真輝共著、幸福の科学出版刊）

『幸福実現党テーマ別政策集　1「宗教立国」』
（大川裕太著、幸福実現党刊）

教立国』』〔大川裕太著、幸福実現党刊〕）か何か、お書きになっていらっしゃるんでしょうけど……。

大川裕太　はい。

小池百合子守護霊　何となく分かるんですよ。「宗教に、もう少し政治的影響力《えいきょうりょく》があっていいんじゃないかな。政治的影響力を持てていいんじゃないかな」ということも分かるし。

やっぱり、第二次大戦の敗北以来、日本国民が信仰心《しんこうしん》のない国民になって、それが強く出てきているあたりに対しては、ちょっと問題なんじゃないかなあ。

だから、文部科学省なんて、文部省と科学省みたいなのをくっつけた……、「科学技術庁」かな、くっつけたけど、文部科学省みたいにして、科学が宗教を規定するようになったりしたら、宗教的には危ないこともあるんじゃないかなとか、私としては心配してるほうであるので。「信仰心」とか、「神への尊崇《そんすう》の念」とか、こういうものは非常に大事なのではないかと思っています。

そして、「それを宗教そのもので表す場合もあれば、政治で国民の幸福を目指す場合もある」というようなものかなとは思っています。

そういう意味では、幸福の科学さんが、政治と宗教を近づけながら、やっぱり、「宗教心のある国民に理想の政治を実現させたいと思っておられる」ということに対しては、大筋《おおすじ》で賛成です。

「政治と宗教を分離《ぶんり》しさえすれば世の中がよくなる」みたいなのは、ちょっと、中世のキリスト教界の陰湿《いんしつ》な部分をあまりにも引き継《つ》ぎすぎているような感じがしています。

まあ、もちろん、イスラム教のほうも、若干《じゃっかん》、宗教が政治のほうを〝上回り〟

すぎて、欧米《おうべい》から見れば理性を欠いているように見えるところもあるので、このへんは宗教改革が要《い》るのかなと思う面もあるんですけれども。
ただ、「日本の未来」ということを考えた場合、幾《いく》つかの宗教がありますけども、やっぱり、「未来は幸福の科学さんが唱《とな》えられている方向に進んでいくんじゃないかな」と、希望もし、期待もし、尊敬申し上げているところは数多くあります。

アニミズム的に自然発生したマスコミには教科書がない

大川真輝　小池さんから見た大川隆法総裁のご印象など、どのようにご覧になっているのでしょうか。

小池百合子守護霊　これは、日本の……、マスコミの問題もかなりあるとは思うんですけれども、いやあ、外国だったら、「もっともっと偉《えら》い人」なんじゃないでしょうか。そういう扱《あつか》いを受けているのと思いますね。

まあ、日本という非常にハンディのあるところで宗教を復興させようとなされているので、今は苦労されているとは思いますけども、将来、必ず報《むく》いられる日は来るだろうと思います。それは、大川隆法さんの時代か、あなたがたの時代かは分かりませんけれども。

おそらく、大川隆法さんの「本当の値打ち」の百分の一も評価され

世界五大陸に広がり続ける幸福の科学の教え

幸福の科学の教えは28の言語に翻訳され、世界中に広がっている。海外講演は、アメリカ、ブラジル、インド（左上）、ネパール、フィリピン、香港、シンガポール、マレーシア、スリランカ（右上）、オーストラリア（右下）、ウガンダ（左下）など、世界五大陸に及んでいる。

ていないのではないかと思います。これが宗教ではないジャンルの方であれば、「ものすごく偉い人」という評価を受けているはずですが、それが、あなたがたがおっしゃる「黙殺権」ですか？　まあ、黙殺することによって、ニュースにせず、評価しない、報道しないことによって力を弱めているんだと思うんですね。

だから、例えば、マンガ家とか書道家とか、絵描《えか》きとかであれば、大川隆法先生ぐらいの実績があったら、ものすごい大家《たいか》で、たぶん、世界的にも有名な方になっていると思うんですが、宗教家であるために、できるだけそれを無視しようとされていて、「宗教に趣味《しゅみ》のある人だけが、自分たちの独特の〝秘密結社〟のなかで尊敬しておれば、それでいいんだ」っていうふうなのが、マスコミのフォーマット（方式）ですよね？　ひどい基本的な考えで、「（宗教は）ニュースには適さない」という考えで、出すときには社会的事件としてだけ、問題として提示するという……。

マスコミには、ある意味で教科書はないんですよ。教科書はなくて、自然発生的に生まれたもので、現代のマスコミも、アニミズム的に、自然発生的に出てきたものなので（笑）。

何て言うか……、白血球みたいなところがあって、本能的にウイルスを食い尽《つ》くすようなところがあるので、基本的に、政治的権力者が出てきたら、それを食い尽くすし、政治以外でも、権力者みたいなものに対してはそれを食っていくか、あるいは防衛するような本能を持っているので、勢力を増やそうというほうには動きたくないっていう気持ちを持っている。

ただ、世界全体を見れば、マスコミが主導しているとは必ずしも言えないわけで、〝逆転〟しているところもある。中国みたいに、政治的イデオロギーとしての一党独裁制がマスコミを完全に封《ふう》じているところもあれば、イスラム教のように、「宗教、イスラム法のほうが、マスコミなんかが自由に活動できるという法制度よりも優越《ゆうえつ》している」と考えるところもあるので、文明の実験としては、まだ終わってはいないんじゃないかというふうに考えています。

武田　分かりました。

9　異色の経歴を持つ小池百合子氏の過去世《かこぜ》とは

自身の過去世に関する質問に言葉を濁《にご》す小池氏守護霊

武田　そろそろ終了《しゅうりょう》時間が近づいてきているのですが、本日は、タイトルに「実力の秘密」と掲《かか》げてもいますので、小池百合子さんの魂《たましい》の真実にも迫《せま》りたいと考えています。

まず、今お話しいただいている小池百合子さんの守護霊様は、どなたなのかということを伺《うかが》いたいのですが。

小池百合子守護霊　うーん……。（約五秒間の沈黙《ちんもく》）うーん……。誰《だれ》なんでしょうねえ?

武田　(笑)

小池百合子守護霊　フフ(笑)。

武田　日本語が堪能《たんのう》なので、「日本人」ということでよろしいのでしょうか。

小池百合子守護霊　うーん……。(約五秒間の沈黙)まあ、それは、日本人も……。

武田　日本人も?

小池百合子守護霊　日本人もいますよね。うーん、当然。

武田　本日、私たちにお話しくださったあなた様は、どちらの方になるのでしょうか。

小池百合子守護霊　うーん……。（約十秒間の沈黙）うーん……。（約十秒間の沈黙）まあ、「日本人」でいいんじゃないですか。

武田　日本人ですか。

小池百合子守護霊　はい。

武田　失礼ですが、男性と女性ということでは、どちらでしょうか。

小池百合子守護霊　いや、そういう失礼な質問は、受け付けない……。

武田　ああ、そうですか（笑）。すみません。それでは、どちらの時代の方なのでしょう。

小池百合子守護霊　うーん……、どうなんでしょうかねえ、うん。古代には「女性が政治をやれた時代」もありましたので、まあ、そういう時代にも関係があるかもしれませんね。

武田　それは、天皇家と関係があるということでしょうか。

小池百合子守護霊　いやあ、どうでしょうかねえ。分かりません。うーん。

武田　分かりませんか。その当時、有名な天皇はどなただったのでしょう?

小池百合子守護霊　うーん……、うーん……。（約十秒間の沈黙）いやあ、天皇じゃないですので、私は。うーん。

武田　では、いちばん親しかった天皇はどなたになるのでしょうか。

小池百合子守護霊　うーん……、うーん……。ここ……、厳しいですねえ、何か。

武田　はい。

小池百合子守護霊　うーん。うーん……。うーん……。うーん……！

武田　もし、将来、首相を目指されるということであれば、ぜひ、ここはお明かしいただきたい内容であるかとは思うのですが。

小池百合子守護霊　うーん……。ちょっと、明らかにできないですね。

武田　（笑）できないですか。

小池百合子守護霊　ええ。

大川裕太　もしかすると、地上のご本人様の意識が、この世の政治のほうにどっぷりと浸《つ》かってしまっているために、天上界《てんじょうかい》の守護霊様の本当の実力と比べられると、あまりにも開きがあるのかなという感じもしたのですが。

小池百合子守護霊　うーん。私は政治家ですからねえ、ええ。

大川裕太　たいへん〝男気《おとこぎ》〟のある政治家のように、私には……。

小池百合子守護霊　おと……（笑）、男ですか……。「女性的」だと言ってくださるほうが、うれしいですけど。

大川裕太　いやあ、そうですか。失礼いたしました。

小池百合子守護霊　ええ。

二〇〇八年九月に訪《おとず》れたときの小池氏守護霊の話

大川裕太　今世《こんぜ》は防衛大臣もされていますし、やはり、どこかで軍人のようなことをされた過去世《かこぜ》もおありだったのではないかという気もします。

小池百合子守護霊　うーん……。まあ、過去世のなかには、多少、髭《ひげ》が生《は》えているような人もいるような気もしますけども。うーん。

武田　今世、中東にご縁《えん》があるようですけれども、魂の歴史のなかでは、「中東での人生があった」というような事実はないのでしょうか。

大川裕太　二〇〇八年のときの守護霊様のご意見にも、「私は七次元（菩薩界《ぼさつかい》）出身です。過去世は、サウジアラビアの王女、その前は日本の皇女として生まれています」というような話もありました。

小池百合子守護霊　ああ、そうなんですか。何か細《こま》かく調べていらっしゃるんですか？

大川裕太　二〇〇八年九月六日に、小池百合子さんの守護霊様が大川隆法総裁のところへいらっしゃったときに、お話しになったようです。まあ、今回の守護霊様と同じ方かどうかは分からないのですが。

小池百合子守護霊　うーん、まあ、こういうのは、言いようによっては、ちょっとですねえ、マスコミのほうがいろいろと深読みすることがあるので、気をつけないといけないんですけどね。ええ。

うーん……。そうですねえ、まあ、「意識としては、今、政治家の意識を持っている」ということです。はい。

直前世《ちょくぜんせ》では中東のほうに縁《えん》があった？

大川真輝　直前世《ちょくぜんせ》では、どういったご活躍《かつやく》をされたのでしょうか。

小池百合子守護霊　うーん。うーん、うーん……。まあ、明治天皇をたいへん尊敬していました。

武田　なぜ、尊敬されたのでしょうか。

小池百合子守護霊　偉大《いだい》な革命を成し遂《と》げられて、日本を近代国家として大国になされたので。

武田　では、その日本を、国内でご覧になっていた方ですか。それとも外から？

小池百合子守護霊　うん、外から。

武田　外からですね。

明治天皇（1852 ～ 1912）
第122代天皇。王政復古の大号令を発し、東京に遷都《せんと》。明治政府を成立させる。国会開設や大日本帝国憲法の発布などを通して、近代国家の確立を推し進めた。（毎日新聞社「天皇四代の肖像」より）

小池百合子守護霊　うーん。

武田　外国の方ということですね？

小池百合子守護霊　はい、はい、はい。

大川裕太　「灰色の狼《おおかみ》」と呼ばれることもある方でしょうか。

小池百合子守護霊　ええっ!?

大川裕太　明治の時代に、中東のほうにお生まれになった革命家の方でしょうか。

小池百合子守護霊　うーん……。ちょっと、今、女性で売っておるので、うーん……、よく分からないんですけどね。まあ、政治家のような経験はしたような気がしますけどもね。うーん。

大川裕太　特に、小池百合子さんは、中東の政治家との付き合いもかなり深く、カダフィ大佐《たいさ》とは、日本のなかでは最も親しい間柄《あいだがら》でもあったとも言われていますす。

小池百合子守護霊　まあ、いい男ですよねえ。カダフィみたいな人だったら嫁《よめ》に行ってもよかったわ。うーん。

大川裕太　カダフィ大佐の政策を、「日本の明治維新《いしん》のようなものを成し遂げようとしていたのではないか」と評価されていたように思います。

小池百合子守護霊　うーん。まあ……、うーん……。まあ、うーん……、そういうこともありますがねえ。

明治天皇を尊敬し、日本を手本とした大統領の名を明かす

大川真輝　今回の収録前、大川隆法総裁の感触《かんしょく》としては、「アタテュルク」という固有名詞が出ていたのですが……。

小池百合子守護霊　うーん……、うーん……。まあ、それは、たぶん、日本人が知っている、最小限の、中東のほうの人名なんじゃないでしょうかね。うん、お

そらくね。

武田　この人であるのか、ないのかといったら、どちらなのでしょうか。

小池百合子守護霊　ええ？

武田　この人であるのか、ないのか。

小池百合子守護霊　あるのか、ないのか……。うん、ちょっと、女性のところが引っ掛《か》かるんですが。

大川裕太　トルコ共和国初代大統領であるケマル・アタテュルク様は、女性の参政権への思いもたいへんお強い方で、トルコは欧米《おうべい》に先立って女性の参政権を実現しました。

小池百合子守護霊　まあ、明治天皇を、いつも尊敬していました。だから、「ルック・イースト」ではないけど、「ルック・ジャパン」で、日本をいつも手本にしていたので、ええ。今回は日本で政治家になる運命になったのかなあと思っています。

武田　では、トルコ共和国の初代大統領であるムスタファ・ケマル・アタテュルク様ということでよろしいのですね。

小池百合子守護霊　うん。だから、（今世は）大統領になっていないので、あん

ムスタファ・ケマル・アタテュルク（1881 ～ 1938）

トルコ共和国建国の父。トルコ革命の指導者として祖国解放戦争に勝利し、初代大統領に就任。「カリフ制の廃止」や「民法の改正」、「産業振興」などによって近代国家の基礎を築き、英雄の代名詞である「灰色の狼《おおかみ》」と称された。

明治維新を模範としてトルコの近代化を進めたアタテュルクは、明治天皇を深く崇敬し、執務室には明治天皇の肖像を飾っていたと言われる。

（左下）トルコ共和国建国 10 周年記念式典に出席するアタテュルク（手前左から 2 人目）。

（右下）日本トルコ友好 120 周年を記念してトルコ政府から寄贈されたアタテュルク騎馬像（和歌山県東《ひがし》牟《む》婁《ろ》郡《ぐん》）。

まりそういうことを言うのは虚《むな》しいなと……。

武田　ああ、現在はですね。はい、はい、はい。

「トルコの未来」と「幸福の科学の国際伝道」との接点は？

大川真輝　そうしますと、それ以外の過去世も、もちろん、お持ちであると……。

小池百合子守護霊　うーん、それはあるでしょうけども、日本人って、中東なんて知らないでしょう?

大川真輝　今、お話しになっているのはどなたなのですか?

小池百合子守護霊　うーん……。うーん……。うーん、まずいんですよねえ。あんまり、こう、「宗教のほうに深く入る」のは、ちょっと問題があるので、うーん……。

大川裕太　昔であればあるほど、宗教と政治は一体でありました。

小池百合子守護霊　うーん、そうなんですねえ。だから、あんまり行きすぎると「幸福の科学的世界観」に完全に入ってしまうので、ええ……、ええ。

大川裕太　アタテュルク様は、「幸福の科学的世界観」と、どの程度の共鳴性を持たれていらっしゃるのでしょうか。

小池百合子守護霊　うーん……。まあ、トルコの未来を見てるんじゃないでしょうかねえ。

大川裕太　トルコの未来ですか……。

小池百合子守護霊　うーん。やっぱり、イスラム教は強い力を持っているけれども、今は欧米とかなりぶつかっていますのでね。何らかの宗教改革は必要で、その宗教改革をするのに、「何をもって模範《もはん》とするか」ということを大事にしなきゃいけないでしょうからね。

武田　はい。

小池百合子守護霊　だから、幸福の科学的教えがトルコなんかで広がれば、イスラム教の〝一党独裁〟に代わるような、一神教的独裁と、欧米の民主主義的な考え方との橋渡《はしわた》しができるんじゃないかと思うので。

私は、中東とかアフリカとかには、幸福の科学が広がるんじゃないかなあと思っておりますけれどねえ。ええ。

「古代エジプト文明」とのかかわりについてほのめかす

大川真輝　今、イスラム教というお話が出ましたけれども、「仏教」や「神道《しんとう》」あたりとのご縁《えん》があられたこともあると……。

小池百合子守護霊　うーん、まあ、ある意味ではあったと思います。

大川裕太　小池さんはエジプトのカイロ大学卒業ということで、トルコ以外にも……。

小池百合子守護霊　エジプトはねえ、紀元前にいたことがあるので（笑）。

大川裕太　ああ、そうですか。

小池百合子守護霊　紀元前にね、うん。

大川裕太　どなたか有名な王様の……。

小池百合子守護霊　たくさんいますからね。

大川裕太　そうですか。

小池百合子守護霊　ええ。紀元前にいたことがあるので。

武田　その当時も王様だったのですか。

小池百合子守護霊　（約五秒間の沈黙）うーん……、女王かなあ。うん。

武田　女王ですか。

小池百合子守護霊　うーん。

武田　では、どちらの女王ですか。

大川裕太　例えば、イクナートン（アメンホテプ四世）の奥様《おくさま》ネフェルティティ様であったりされるのでしょうか。

小池百合子守護霊　うーん、まあ、近いですねえ。

大川裕太　あっ、近いですか。

小池百合子守護霊　うん。出てきましたねえ。

アメンホテプ４世（紀元前1362頃～1333頃）
古代エジプト第18王朝の王（ファラオ）。従来、多神教であったエジプトの宗教を廃し、太陽神アテンのみを崇拝する一神教を始める。また、アマルナ美術と呼ばれる開放的な芸術を生み出した。正妃のネフェルティティは、古代エジプト三大美女の一人と言われる。（エジプト考古学博物館蔵）

ええ。

大川裕太　そのあたりの……。

小池百合子守護霊　うーん……、そうですねえ。だから、一時期、女帝《じょてい》みたいなものの経験はいちおうあります。うーん。

大川裕太　なるほど。

女性としての過去世《かこぜ》について語りたがらない小池氏守護霊

大川真輝　日本の古代で名前が遺《のこ》っている女性の方というのはそれほど多くありませんが、ずばり思い当たる方がなかなか浮《う》かばないのですけれども……。天皇家の関係の方でしょうか。

小池百合子守護霊　うーん……！　うーん、うん、うーん！　うーん、うん！　うーん！　そのくらいで、もう、いいんじゃないですか。そうしないと、私も「幸福の科学に入信した」って書かれちゃいますから。

大川真輝　そうですか。

武田　やはり、女性の方の過去世《かこぜ》もお一人ぐらい出しておいたほうがよろしいのではないでしょうか。

小池百合子守護霊　ええ？　女性？

武田　ええ。

小池百合子守護霊　うーん……、その女性の評判が悪かったらどうするの？

武田　評判が悪いんですか？

大川裕太　評判が悪い女性って……。

小池百合子守護霊　悪かったらどうするんですか？

武田　いや、でも、今までのお話を伺うと、かなり有名な方なのではないかと思うのですが。

小池百合子守護霊　うーん……。評判が悪い場合もありえますからね。うん。

武田　時代としては、どの時代になりますか。

小池百合子守護霊　うーん……。

武田　平安時代とか。

大川真輝　奈良《なら》時代とか。

小池百合子守護霊　勘弁《かんべん》してください。もう……。

いやあ、票が減っていくんですよ。それは、お答えすればするほど票が減るので。

武田　そうですか。

小池百合子守護霊　ええ。「幸福の科学の信者だ」ということで、もう、バッチリと書き込《こ》まれますので。

大川裕太　そのほうが功徳《くどく》があるのでは。当会の信者の票が……。

小池百合子守護霊　いや、それも思うんですけど、それも思うんですが、引退を決めたら、もうちょっとはっきり言ってもいいけど、今はまだ、もうちょっとだけ野心《やしん》が残っているので。

武田　分かりました。「今は申し上げられない」ということですね。

魂《たましい》のミステリーの部分を明かすのは政界引退を決めてから

大川裕太　ムハンマド様、あるいはアリー様の時代に、何か関係があったりするのでしょうか。

小池百合子守護霊　うーん、まあ、ないとは言いかねるところがありますね。

大川裕太　そうですか。

小池百合子守護霊　ええ。

武田　直接ですか？　ムハンマド様とは……。

小池百合子守護霊　いや、それじゃ、もう（笑）、幸福の科学の人間になってしまうので、私。

武田　はい。これは、「もう限界」ということですね。

小池百合子守護霊　職員じゃないので。幸福実現党から出るんだったら、もう、いきますけど、今、幸福実現党からでは、総理大臣にはちょっとなれないので。

まあ、引退を決めたら、もうちょっとお話ししてもいいとは思いますが。

武田　では、今日のところは、「トルコ共和国の初代大統領」というところで……。

小池百合子守護霊　うーん、まあ、「ケマル・アタテュルク」だけは明かして、「あとについては、まだ、ミステリー」でいいと思います。

武田　はい。

幸福実現党本部への家宅捜索《そうさく》の真相をどう見るか

大川真輝　最後に一点だけ、お訊《き》きするか、少し迷ったのですけれども、現在、幸福実現党のほうは危機管理案件を抱《かか》えています。本当に小さな事件なのですけれども、先般《せんぱん》、幸福実現党党本部と東京都本部が家宅捜索《そうさく》を受けるというようなケースがありました。

小池百合子守護霊　うん。

大川真輝　これは、今回の都知事選ではなく、その前の参院選関連の話なのですけれども、このあたりのことは、小池都知事も直接関係してくるポジションにいらっしゃり、おそらく、よくご存じになっていると思いますので、もし、ご見解等ありましたら、一言《ひとこと》頂ければと思います。

小池百合子守護霊　気をつけませんと、選挙の二年後ぐらいに（摘発《てきはつ》が）始まったりすることもあるのでねえ、ほんとね、難しいところはありますね。

うーん……、まあ、全国で候補者を立てたりしたことが、誰かの逆鱗《げきりん》に触《ふ》れた面はあるんじゃないでしょうかね、おそらく。全国で立てるっていうのはね、やっぱり、なかなかね。「負けても負けても、しぶといな」と思っている方が、きっといらっしゃるんでしょうね。

大川真輝　うーん。

小池百合子守護霊　だから、たぶん、「分《ぶん》を知っておとなしくしろ」と言っている方がいらっしゃるのかなというふうに思います。

まあ、本は出されたようですけど、だいたいあの

『幸福実現党本部 家宅捜索の真相を探る』
（幸福実現党刊）

とおりなんじゃないでしょうか（『幸福実現党本部　家宅捜索の真相を探《さぐ》る』〔幸福実現党刊〕参照）。

大川裕太　分かりました。

幸福の科学への所感、そして今後の都政に向けて

大川裕太　もし、アタテュルク様でしたら、今後、トルコの政治等について、またお伺いしたいことがたくさんあるのですけれども。

小池百合子守護霊　トルコに（幸福の科学の）支部をいっぱい出されたときには、また訊いてくだされば。

大川裕太　分かりました。ご協力よろしくお願いいたします。

小池百合子守護霊　ええ。まあ、私も今、ちょっと際《きわ》どいところを行《い》っておりますので。

これから議会等の対策が始まりますので、あんまり立ち位置をはっきりしすぎるのはよくないこともあります。柔軟《じゅうなん》に、水のように対応しなければいけませんので、若干《じゃっかん》、ぼかしましたことをお許しください。

ただ、幸福の科学さんに対しては、応援《おうえん》もよくしていただきましたし、今回の都知事選でも、まあ、みんながみんな、幸福実現党というわけでもないらしく、幸福の科学の信者の方で応援してくださった方もいらっしゃいますので、ええ。

まあ、そのへんは「器《うつわ》の大きな宗教だ」というふうに感服しています。

武田　分かりました。本日はまことにありがとうございました。

大川裕太　ありがとうございました。

小池百合子守護霊　はい、はい。

10　小池百合子氏の守護霊霊言《れいげん》を終えて

大川隆法　（軽く手を一回叩《たた》く）まあ、微妙《びみょう》な、微妙なところですね。当会とは微妙に距離《きょり》を取っておられるようです。

やはり、「政党を立てる」というのは難しい部分があるのですね。

宗教に来る人といえば、病気治しをしたくて来る人とか、人間関係の葛藤《かっとう》で苦しんでいる人とか、そんな人はたくさんいるのですが、政治になると、そういう人にとっては逆になってしまい、政治活動をすると人間関係が悪くなったり、病気治し等を言うのであれば、「もっと医療《いりょう》や福祉《ふくし》のほうに力を入れろ」といった話になったりすることもあって、政治と宗教が必ずしも一致《いっち》するとは言えないところがあります。

宗教的な面では、「アメリカ民主党」の支持層のような人も数多く入ってきてはいるのですが、政党のほうを立ち上げると、「共和党的」な政策がたくさん出てくるので、そちらのほうには共和党支持層に近い人が偏《かたよ》ってくるというかたちとなり、必ずしも一緒《いっしょ》にはいかない面もあるかと思っています。

この世にあるさまざまな派閥《はばつ》や団体、宗派《しゅうは》のようなものは、みな、ある程度のニーズがあって存在するのでしょうから、しかたがないところはあるでしょう。

小池さんが都知事として大成されますように、また、その後の未来がありますように、密《ひそ》かにお祈《いの》り申し上げて、本日は終わりとしたいと思います。

ありがとうございました（手を一回叩く）。

武田　ありがとうございました。

あとがき

日本の女性政治家としては、トップランナーに躍《おど》り出《で》た小池百合子氏の実力の秘密をスピリチュアル・リサーチした一書である。当会の指導霊には、都知事選で小池氏を支持したほうがよいと主張した方（行基《ぎょうき》）もおられた。しかし、某政府御用達《ごようたし》の週刊誌が、「幸福実現党が参院選において全選挙区で候補者を立てたので、与党（自民・公明）が4議席を落とし、幸福の科学が二〇〇九年に選挙協力した小池氏を非公認にした」とかの報道をしたので、独自候補を立てた。もちろん左翼が強すぎる首都でのキャンペーンもかねた。

政治とは意地とメンツの張り合いで難しい。かつて落選しかかった菅《すが》官房長官を僅差《きんさ》で当選させたり、前・都連会長の石原伸晃《いしはらのぶてる》氏を宰相《さいしょう》候補で推《お》したこともある当会だが、政治の世界はサファリパークである。

小池都知事の未来が明るいことを祈るばかりである。

二〇一六年　八月二十三日

幸福《こうふく》の科学《かがく》グループ創始者兼総裁《そうししゃけんそうさい》

幸福実現党創立者兼総裁《こうふくじつげんとうそうりつしゃけんそうさい》　大川隆法《おおかわりゅうほう》

『小池百合子 実力の秘密』 大川隆法著作関連書籍

『黄金の法』（幸福の科学出版刊）
『「現行日本国憲法」をどう考えるべきか』（同右）
『繁栄の女神が語る TOKYO 2020』（同右）
『竹村健一・逆転の成功術』（同右）
『日下公人のスピリチュアル・メッセージ』（同右）
『渡部昇一流・潜在意識成功法』（同右）
『幸福実現党本部 家宅捜索の真相を探る』（幸福実現党刊）
『政治と宗教を貫く』（大川隆法・大川真輝 著 幸福の科学出版刊）
『幸福実現党テーマ別政策集 1「宗教立国」』（大川裕太著 幸福実現党刊）

小池百合子《こいけゆりこ》 実力《じつりょく》の秘密《ひみつ》

2016年 8 月31日　初版第 1 刷

著　者　　大《おお》川《かわ》隆《りゅう》法《ほう》

発行所　　幸福の科学出版株式会社

〒107-0052 東京都港区赤坂 2 丁目 10 番 14 号
TEL(03)5573-7700
http://www.irhpress.co.jp/

印刷・製本　株式会社 堀内印刷所

落丁・乱丁本はおとりかえいたします

ISBN978-4-86395-829-6 C0030
カバー写真：吉澤菜穂／アフロ／時事
本文写真：Gérard Ducher ／ Okajun ／ Bettmann ／ EPA ＝時事／時事／
時事通信フォト／朝日新聞社／時事通信フォト／ブシ

大川隆法シリーズ・**最新刊**

女性のための「幸せマインド」のつくり方

大川紫央　大川咲也加　大川瑞保　共著

なぜか幸せをつかむ女性が、いつも心掛け、習慣にしていることとは？ 大川家の女性３人が、周りに「癒やし」と「幸せ」を与える秘訣を初公開！

1,400円

岸田文雄外務大臣守護霊インタビュー
外交 そして この国の政治の未来

もし、岸田氏が総理大臣になったら、日本はどうなる？ 外交、国防、憲法改正、経済政策など、次の宰相としての適性を多角的に検証。【幸福実現党刊】

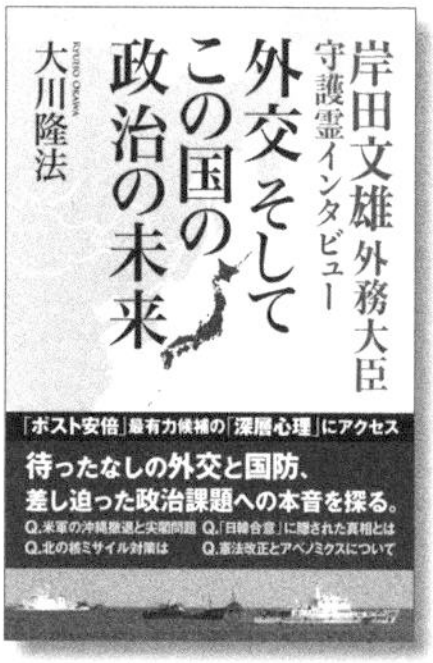

1,400円

元横綱・千代の富士の霊言 強きこと神の如し

絶大な人気を誇った名横綱が、その「強さ」と「美しさ」の秘密を語る。体格差やケガを乗り越える不屈の精神など、人生に勝利するための一流の極意とは。

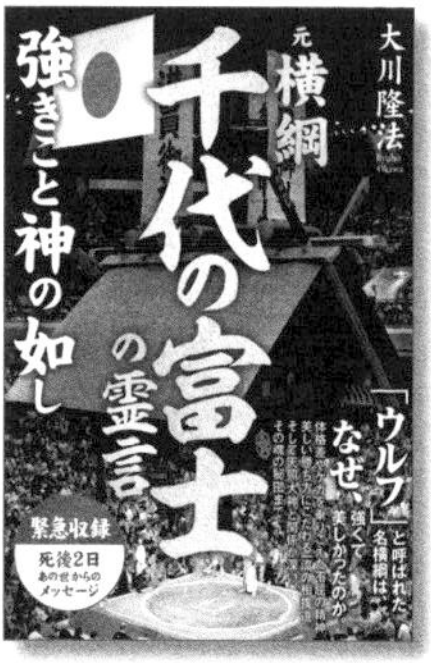

1,400円

※表示価格は本体価格（税別）です。

大川隆法シリーズ・**政治と宗教の統合を目指して**

政治革命家・大川隆法

幸福実現党の父

日本よ、「自由の大国」を目指せ。そして「世界のリーダー」となれ——。日本の政治の問題点とその具体的な打開策について「国師」が語る。

1,400円

政治と宗教の大統合

今こそ、「新しい国づくり」を

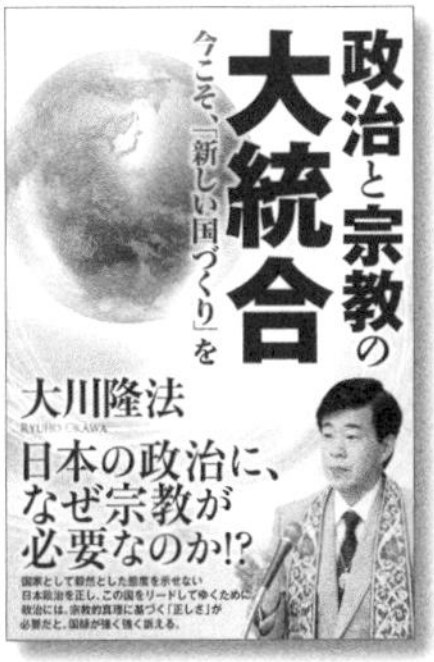

国家の危機が迫るなか、全国民に向けて、日本人の精神構造を変える「根本的な国づくり」の必要性を訴える書。

1,800円

繁栄の女神が語る TOKYO 2020

七海ひろこ守護霊メッセージ

「東京No.1宣言」を掲げる31歳の都知事候補の本心とビジョン、そして魂のルーツに迫る。都政の課題を打開する"目からウロコ"の構想が満載!

1,400円

幸福の科学出版

父と子が語る・理想の宗教と政治

政治と宗教を貫く

新しい宗教政党が日本に必要な理由

大川隆法　大川真輝　共著

すべては人々の幸福を実現するため―。歴史、憲法、思想から「祭政一致」の正しさを解き明かし、政教分離についての誤解を解消する一冊。

1,500円

父が息子に語る「宗教現象学入門」

「目に見えない世界」を読み解くカギ

大川隆法　大川真輝　共著

霊言、悪霊憑依、病気治しの奇跡―。目に見えないスピリチュアルな世界の法則を、大川総裁と現役大学生の次男がわかりやすく解き明かす。

1,400円

いま、宗教に何が可能か

現代の諸問題を読み解くカギ

大川隆法　大川裕太　共著

政治、経済、歴史、教育……。従来の宗教の枠組みを超えた「現在進行形の教養宗教」の魅力を、さまざまな角度から語り合った親子対談。

1,400円

父が息子に語る「政治学入門」

今と未来の政治を読み解くカギ

大川隆法　大川裕太　共著

「政治学」と「現実の政治」はいかに影響し合ってきたのか。両者を鳥瞰しつつ、幸福の科学総裁と現役東大生の三男が「生きた政治学」を語る。

1,400円

※表示価格は本体価格(税別)です。

新時代をリードする20代のオピニオン

正しき革命の実現

大川真輝　著

今こそ戦後の洗脳を解き、「正しさの柱」を打ち立てるべき時！ 天意としての「霊性革命」「政治革命」「教育革命」成就のための指針を語る。

1,300円

大川隆法の“大東亜戦争”論［上・中・下］

大川真輝　著

大川隆法著作シリーズから大東亜戦争を再検証し、「自虐史観」にピリオドを打つ書。【HSU 出版会刊】

［上］［中］［下］ 各 1,300円

幸福実現党テーマ別政策集 1 「宗教立国」

大川裕太　著

「政教分離」や「民主主義と宗教の両立」などの論点を丁寧に説明し、幸福実現党の根本精神とも言うべき「宗教立国」の理念を明らかにする。【幸福実現党刊】

1,300円

幸福実現党テーマ別政策集 4 「未来産業投資／規制緩和」

大川裕太　著

「20 年間にわたる不況の原因」、「アベノミクス失速の理由」を鋭く指摘し、幸福実現党が提唱する景気回復のための効果的な政策を分かりやすく解説。【幸福実現党刊】

1,300円

大川隆法「法シリーズ」・**最新刊**

正義の法

法シリーズ
第22作

憎しみを超えて、愛を取れ

テロ事件、中東紛争、中国の軍拡——。
どうすれば世界から争いがなくなるのか。
あらゆる価値観の対立を超える
「正義」とは何か。
著者二千書目となる「法シリーズ」最新刊！

2,000円

第１章　神は沈黙していない——「学問的正義」を超える「真理」とは何か
第２章　宗教と唯物論の相克—— 人間の魂を設計したのは誰なのか
第３章　正しさからの発展——「正義」の観点から見た「政治と経済」
第４章　正義の原理
——「個人における正義」と「国家間における正義」の考え方
第５章　人類史の大転換——日本が世界のリーダーとなるために必要なこと
第６章　神の正義の樹立—— 今、世界に必要とされる「至高神」の教え

※表示価格は本体価格(税別)です。

大川隆法ベストセラーズ・地球レベルでの正しさを求めて

未来へのイノベーション

新しい日本を創る幸福実現革命

経済の低迷、国防危機、反核平和運動……。「マスコミ全体主義」によって漂流する日本に、正しい価値観の樹立による「幸福への選択」を提言。

1,500円

正義と繁栄

幸福実現革命を起こす時

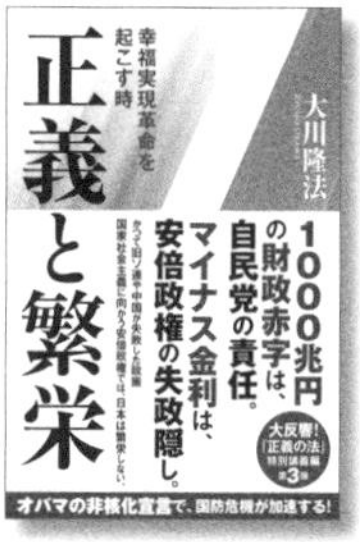

「マイナス金利」や「消費増税の先送り」は、安倍政権の失政隠しだった!? 国家社会主義に向かう日本に警鐘を鳴らし、真の繁栄を実現する一書。

1,500円

世界を導く日本の正義

20年以上前から北朝鮮の危険性を指摘してきた著者が、抑止力としての日本の「核装備」を提言。日本が取るべき国防・経済の国家戦略を明示した一冊。

1,500円

現代の正義論

憲法、国防、税金、そして沖縄。
――『正義の法』特別講義編

国際政治と経済に今必要な「正義」とは――。北朝鮮の水爆実験、イスラムテロ、沖縄問題、マイナス金利など、時事問題に真正面から答えた一冊。

1,500円

幸福の科学出版

幸福の科学グループのご案内

宗教、教育、政治、出版などの活動を通じて、地球的ユートピアの実現を目指しています。

幸福の科学

一九八六年に立宗。信仰の対象は、地球系霊団の最高大霊、主エル・カンターレ。世界百カ国以上の国々に信者を持ち、全人類救済という尊い使命のもと、信者は、「愛」と「悟り」と「ユートピア建設」の教えの実践、伝道に励んでいます。

（二〇一六年八月現在）

愛

幸福の科学の「愛」とは、与える愛です。これは、仏教の慈悲《じひ》や布施《ふせ》の精神と同じことです。信者は、仏法真理をお伝えすることを通して、多くの方に幸福な人生を送っていただくための活動に励んでいます。

悟り

「悟り」とは、自らが仏の子であることを知るということです。教学《きょうがく》や精神統一によって心を磨き、智慧《ちえ》を得て悩みを解決すると共に、天使・菩薩《ぼさつ》の境地を目指し、より多くの人を救える力を身につけていきます。

ユートピア建設

私たち人間は、地上に理想世界を建設するという尊い使命を持って生まれてきています。社会の悪を押しとどめ、善を推し進めるために、信者はさまざまな活動に積極的に参加しています。

国内外の世界で貧困や災害、心の病で苦しんでいる人々に対しては、現地メンバーや支援団体と連携して、物心両面にわたり、あらゆる手段で手を差し伸べています。

年間約３万人の自殺者を減らすため、全国各地で街頭キャンペーンを展開しています。

公式サイト **www.withyou-hs.net**

ヘレン・ケラーを理想として活動する、ハンディキャップを持つ方とボランティアの会です。視聴覚障害者、肢体不自由な方々に仏法真理を学んでいただくための、さまざまなサポートをしています。

公式サイト **www.helen-hs.net**

教育

学校法人 幸福の科学学園

学校法人 幸福の科学学園は、幸福の科学の教育理念のもとにつくられた教育機関です。人間にとって最も大切な宗教教育の導入を通じて精神性を高めながら、ユートピア建設に貢献する人材輩出を目指しています。

幸福の科学学園

中学校・高等学校（那須本校）
2010年4月開校・栃木県那須郡（男女共学・全寮制）
TEL 0287-75-7777
公式サイト happy-science.ac.jp

関西中学校・高等学校（関西校）
2013年4月開校・滋賀県大津市（男女共学・寮及び通学）
TEL 077-573-7774
公式サイト kansai.happy-science.ac.jp

仏法真理塾「サクセスNo.1」 TEL 03-5750-0747（東京本校）
小・中・高校生が、信仰教育を基礎にしながら、「勉強も『心の修行』」と考えて学んでいます。

不登校児支援スクール「ネバー・マインド」 TEL 03-5750-1741
心の面からのアプローチを重視して、不登校の子供たちを支援しています。
また、障害児支援の**「ユー・アー・エンゼル!」運動**も行っています。

エンゼルプランV TEL 03-5750-0757
幼少時からの心の教育を大切にして、信仰をベースにした幼児教育を行っています。

シニア・プラン21 TEL 03-6384-0778
希望に満ちた生涯現役人生のために、年齢を問わず、多くの方が学んでいます。

NPO 活動支援

学校からのいじめ追放を目指し、さまざまな社会提言をしています。また、各地でのシンポジウムや学校への啓発ポスター掲示等に取り組む一般財団法人「いじめから子供を守ろうネットワーク」を支援しています。

公式サイト mamoro.org
ブログ blog.mamoro.org
相談窓口 TEL.03-5719-2170

政治

幸福実現党

内《ない》憂《ゆう》外《がい》患《かん》の国難に立ち向かうべく、二〇〇九年五月に幸福実現党を立党しました。創立者である大川隆法党総裁の精神的指導のもと、宗教だけでは解決できない問題に取り組み、幸福を具体化するための力になっています。

幸福実現党 釈量子サイト
shaku-ryoko.net

Twitter
釈量子@shakuryoko
で検索

党の機関紙
「幸福実現NEWS」

幸福実現党 党員募集中

あなたも幸福を実現する政治に参画しませんか。

○幸福実現党の理念と綱領、政策に賛同する18歳以上の方なら、どなたでも党員になることができます。

○党員の期間は、党費（年額 一般党員5千円、学生党員2千円）を入金された日から1年間となります。

党員になると

党員限定の機関紙が送付されます。

（学生党員の方にはメールにてお送りします）

申込書は、下記、幸福実現党公式サイトでダウンロードできます。

住所：〒107-0052
東京都港区赤坂2-10-8 6階
幸福実現党本部

TEL **03-6441-0754**
FAX **03-6441-0764**
公式サイト **hr-party.jp**
若者向け政治サイト **truthyouth.jp**

幸福の科学グループ事業

出版メディア事業

幸福の科学出版

大川隆法総裁の仏法真理の書を中心に、ビジネス、自己啓発、小説など、さまざまなジャンルの書籍・雑誌を出版しています。他にも、映画事業、文学・学術発展のための振興事業、テレビ・ラジオ番組の提供など、幸福の科学文化を広げる事業を行っています。

アー・ユー・ハッピー？
are-you-happy.com

ザ・リバティ
the-liberty.com

幸福の科学出版

TEL **03-5573-7700**

公式サイト **irhpress.co.jp**

THE FACT

ザ・ファクト

マスコミが報道しない「事実」を世界に伝えるネット・オピニオン番組

Youtubeにて随時好評配信中！

ザ・ファクト　検索

ニュースター・プロダクション

NEW STAR PRODUCTION

ニュースター・プロダクション(株)は、新時代の〝美しさ〟を創造する芸能プロダクションです。二〇一六年三月には、ニュースター・プロダクション製作映画「天使に〝アイム・ファイン〟」を公開しました。

公式サイト
newstar-pro.com